悦读随记

YUEDU SUIJI

力源悦读俱乐部读书心得集

唐立国 主编

马云天 梁紫君 副主编

知识产权出版社

全国百佳图书出版单位

—北京—

图书在版编目（CIP）数据

悦读随记:力源悦读俱乐部读书心得集 / 唐立国主编;马云天，梁紫君副主编 . —北京：知识产权出版社，2021.10

ISBN 978-7-5130-7729-3

Ⅰ.①悦… Ⅱ.①唐… ②马… ③梁… Ⅲ.①读书笔记—中国—现代 Ⅳ.① G792

中国版本图书馆 CIP 数据核字（2021）第 193197 号

内容提要

书中自有黄金屋，书中自有颜如玉。读书能让人看世界的视角变得更开阔，能让人对自我的认识更清晰。本书内容选自桂林电子科技大学机电力源俱乐部日常读书打卡学生的部分优秀心得，把学生阅读的书籍内容主旨及自身的心得见解与读者共同分享，为广大学生提供更好的读书建议，调动学生的读书热情，同时鼓励学生养成良好的读书习惯。本书按照所阅读书籍的类型分为七篇，分别是"经典诗集""历史故事""杂记""哲理读物""精品读物""外国文学""青春文学与散文"。本书是国内为数不多的学生读书心得汇集，是一本既易懂又有一定内涵的培育学生读书兴趣的读物。

责任编辑：许　波　　　　　　　　　责任印制：孙婷婷

悦读随记——力源悦读俱乐部读书心得集
YUEDU SUIJI——LIYUAN YUEDU JULEBU DUSHU XINDEJI
唐立国　主编　　马云天　梁紫君　副主编

出版发行：**知识产权出版社**有限责任公司	网　　址：http://www.ipph.cn		
电　　话：010-82004826	http://www.laichushu.com		
社　　址：北京市海淀区气象路 50 号院	邮　　编：100081		
责编电话：010-82000860 转 8569	责编邮箱：laichushu@cnipr.com		
发行电话：010-82000860 转 8101	发行传真：010-82000893		
印　　刷：北京中献拓方科技发展有限公司	经　　销：各大网上书店、新华书店及相关专业书店		
开　　本：787mm×1092mm　1/16	印　　张：12.5		
版　　次：2021 年 10 月第 1 版	印　　次：2021 年 10 月第 1 次印刷		
字　　数：162 千字	定　　价：68.00 元		

ISBN 978-7-5130-7729-3

目 录

第六篇　外国文学

第七篇　青春文学与散文

第一篇

经典诗集

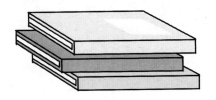

读《蒋勋说宋词》，换个角度看宋词

李煜《破阵子》里的"沈腰潘鬓消磨""垂泪对宫娥"便是他的担忧，他不知何为干戈，也不知何为亡国，只担心自己的容貌是否会老去，是否会与自己一起长大的这些宫娥永别。而在最后，对百姓的惭愧，就是他作为帝王最深的愧疚。为了百姓免受战争之苦，他选择了投降。在写这段话的时候，发现自己的语文功底真是退步了，没有表达出自己想要表达的东西。在读蒋勋先生这本书的时候，越发感觉自己的语言组织与表达能力都不够。

今天读完了第一讲——李煜。蒋勋先生把李煜当时不为人所理解的艳词与流行歌曲类比，形象地把李煜对宋词的贡献表现出来。蒋勋先生认为《浪淘沙》是李煜最后定位的作品，是对生命的最高领悟。这一讲引入了很多词，但很多都是我没有见过的。平时我们学的都是课本上的，我想我应该找一些自己喜欢的诗词，而不止于课内必背。古时的文学流传稳定，而音乐却极易流失。这也提醒了我，要加快追赶自己感兴趣的东西。

第二讲从五代词到宋词（诗和词的界限词）是可以唱出来的。北宋很多词人都会唱词，只是我们今天丧失了流传的音律性。唱出来的词和读出来的词是不一样的，就像现在的歌曲一样。词多长于抒情，随着词文字独立性的提高，我们会发现每一句词的独立性也很高。词可以没有一个情字，但可以有很强的画面感，可以用"西风残照，汉家陵阙"表达的意象去告诉人们他的心情，而不是直接地说"我好悲壮"。

这就是画面感，词给我们带来的视觉性，而诗描绘不出那么强的画面感，这是因为词更口语化。这可以和我们今天的流行歌曲类比，我们只能说这更通俗易懂。我们如今传唱的很多经典作品的前身不也是流行作品吗？只是随着时间的沉淀，有些流芳百世，有些已经埋入时间的暗涌里了。

　　第二讲从五代词到宋词（从风花雪月到《花间集》），历史上最早的诗人写的多是一些风花雪月的词，《花间集》是词最早的总集。李煜，变伶工之词为士大夫之词。我原以为李煜在词方面的造诣极深，让大家了解词的美，影响后人写词。原来不仅这样，还因为李煜以皇帝的身份，以一个地位极高的知识分子的形象，来为词代言，这样的影响力是极高的。

　　南唐，多么繁荣，而宋朝，给人以百战百败的印象。南唐的词，意气风发，气势恢宏。而宋朝的词，多有颓废之意，但是我们不要忘了宋朝给我们留下的文化财富。宋词更多的是对个人情感的关注，而南唐的词更多的是对国家、对社会、对百姓的赞美。颓废也是一种美，西方在艺术上常常讨论颓废的美学，我们却不这样，越往后读，涉及的历史背景越复杂，没有足够历史知识的储备，读起来真的不容易。

　　宋朝的执政者大都有很强的文学功底。宋词和宋代文学发展之快之深，正是因为他们对于文人的尊重。

　　在唐朝，文人所认为的有价值的文学是豪情壮志，是很雄壮、很正能量的东西。而宋朝对于文学的包容在于只要你自己认为美的任何事物都可以写，只要写得好，感情真挚，都能被认可。微小也是一种美，不一定是雄壮之情。

　　蒋勋先生在这一节里的一句话很有意思，就是说唐代诗人是看不到柳絮的，因为它太微小了，他们只能看到雄壮的山河。而此时宋代词人早已拿着放大镜观看美景了。小何尝不是一种美，这也是唐诗与宋词的区别所在。冯延巳的词被蒋勋拆开来分析，关于对"似曾相识燕归来"这句词的解析，蒋勋有着不一样的见解。

他认为双燕不只是燕子，还可以是人，可以是旧相识，可以是词人自己。词的每个意象都是有着多重的含义，这是我们从小学就开始学习的内容。我们有多久没有去思考一首诗词了呢？如果喜欢，我们可以用每天的零碎的时间去赏析一首诗词。

"为君持酒劝斜阳，且向花间留晚照"是蒋勋先生最喜欢用来练习书法的词。填词最重要的就是"字"，而不同于诗，诗最主要的还是"词汇"，词的每个字都有着极强的独立性。而那一句"为君持酒劝斜阳，且向花间留晚照"就是一种对于生命的美好祝福，在生命结束之前要好好珍惜。填词是每个字都需斟酌的，那一句蒋勋先生常用来练习书法的也是由此而来。我们也可以练习书法，用自己喜欢的词来练也是一种享受。

读《莲的心事》，期待遇见最好的人

读这首词的时候，总觉得这就是在写现在的我们："风霜还不曾来侵蚀，秋雨还未滴落，青涩的季节又已离我远去。"在这样一个自信满满、将欲望绽放的年纪，多么希望有一个恰好的人，"能看见现在的我"。"我已亭亭，不忧，也不惧。"我最喜欢，也是最出名的，便是这一句了。现在的我，已不像小时候那样，畏惧外面的世界，也不像一些见多了世态炎凉的人一样，为了还未发生的事情而发愁。

可是，"现在，正是，我最美丽的时刻，重门却已深锁"。这句话，初次遇见，便让我想到刘方平所作《春怨》中的"寂寞空庭春欲晚，梨花满地不开门"。虽是庭院深深，寂寥无人，但心门却再无法为一个人打开。也许，青春里多少都会有一些难挨却单纯的时光，可以为了一朵花，而放弃满园春色。"无缘的你啊，不是来得太晚，就是太迟"这句词，与《铜官窑瓷器题诗二十一首》中的"君生我未生，我生君已老"有些相似之处。人们总说，希望在最好的时光，遇见最好的人。多么希望这朵莲是说我们能够不负等待，不早也不晚遇见最好的那个人。

读《邂逅最美诗词》，领略诗词的美

木栖《邂逅最美诗词》之《送杜少府之任蜀州》

世人离别只《阳关》，天下凄凄景涂殇。谁道边涯重逢远，知己何处不身旁！天才，在任何一个时代都不会缺少，只是太多的天才都被淹没在历史的洪流中，难觅踪迹。而那些名垂千古的，总有他们特殊之处。在大唐初期，杰出诗人不知凡几，然而像王勃这样年轻却满腹才华的实属少有，正是年轻，正是骄狂之时，哪个有才华的少年不狂呢？人不轻狂枉少年嘛！只是他还是太过年轻了，不懂收敛，一个小小玩笑便将他的青云之路一刀斩断，从此他寄情蜀中山水，游历名川。有句话说：诗人一生都是坎坷的，没有磨难的经历是难写出千古名篇的。若是王勃没有如此磨难，恐怕文化史上就难有其名。

三年的游历，开阔了他的视野，亦豁达了他的心胸；三年后的回归，他仍旧狂傲不羁，依旧豪气冲天，只是他更成熟了，也更豁达了。面对离别，他可以开怀一笑。"海内存知己，天涯若比邻"，他不伤悲，不凄凄，因为多年的见识，曾经的磨难已经养就了他豁达心胸；经历了，也就明白了，明白了，也就看透了。只是可惜了，正该风华茂盛、一展宏图之时，上天却收走了他的机会。

木栖《邂逅最美诗词》之白居易的《长相思》

相思惹，相思恨，相思缠尽寐难眠，月明人倚楼。夜成单，夜独呆，夜夜望断天涯幕，苦忆已白头。小时候挺喜欢白居易的，喜欢他的诗平实朴素，不矫揉造作，浅显易懂。当时会想，这样一个人，应该也是一位过得去的人。今天，我读了这首《长相思》，我想这样的大家也有深情的一面吧。樊素爱他，一个少女能为年过半百的他奉献自己最美的年华，这是真的爱了，而白居易能为她相思不尽，写出如此深情的诗，应该也是真的爱了吧。

木栖《邂逅最美诗词》之《诗经》

沙场百战无边骨，残盔血甲归黄土。银丝忍对乡边柳，如何依依两般苦！战争，永远是残酷的代名词，它让无数家庭支离破碎，它让无数百姓流离失所，每个朝代都会无比痛恨它，但无法不借用它，因为国家需要它来保证，统治者需要它来巩固。这个世界就是那么悲哀，明明不想靠近，可却又把他们绑在一起，无法脱离。古代的战争是残酷的，亦是热血澎湃的，它让无数烈士埋骨荒原，却又让无数英雄名垂千古，封王拜相。可笑的是，明明它是那么让人讨厌，却又有无数人前仆后继！

木栖《邂逅最美诗词》之苏轼的春宵一刻值千金

铁板铜牙放高歌，此生长笑赋词工。前路人生难如意，何不且行看今宵？文人的人生是坎坷的，但在坎坷中能看见美的、乐趣的事物。我想，苏轼算得上是千古一人了。

纵观苏轼一生，起起落落，莫名其妙地升迁，却又莫名其妙地被贬，他这一生也算是波澜壮阔了。无数次地贬官，无数次地打压，如果换作一般人，早就郁郁而终了，可是苏轼不同，在几经贬谪之后，反而唱起了诗词歌赋，响绝千古。

试问谁能像苏轼一样，被贬无数次依旧高歌词赋？试问谁能像苏轼一样，遭遇挫折无数依旧长笑人生？试问谁能像苏轼一样，人生跌宕起伏之后依旧乐对百态？古今之豁达者，苏轼可为一！我们所看苏轼的诗，都是豪放，豪放来于内心，内心豁达了，诗也就豁达了，自然就多出了韵味。

木栖的《邂逅最美诗词》之从此无心爱良夜

相逢巧然三生定，一世诺言几回更？沧海不移石不转，难是天门未敢越！才子佳人的爱情，自古以来似乎都是一场悲剧，不管是梁祝，还是唐陆，或是这里的李霍，他们的爱情都是让人遗憾不已。相爱却不能相伴，相念却不能相恋，明明心是如此近，但又仿佛是在天涯海角，甜蜜、幸福，那也只是曾经。失去了，就再也没有从前；错过了，就只是海角天涯。纵然近在咫尺，也只能是彼此最熟悉的陌生人。余生，就只是从此无心爱良夜，连能陪自己一起赏夜的人都不在了，又怎么会有良夜呢？

木栖《邂逅最美诗词》之李清照的《武陵春》

年少不识愁滋味，湛湛高吟，湛湛高吟，烂漫好天真。而今识遍愁滋味，浅斟低唱，浅斟低唱，句句话沧桑。自古红颜多坎坷，样貌倾城也好，才气无双也罢，她们的一生都是磕磕绊绊，曲折无数。或许是上天嫉妒她们的绝代风华，于是总在无声处悄然安排了她们的命运。

在这样的命运面前，没有谁能够抗拒得了，还是得顺着走下去，是懦弱，也是无奈。但是，在面对这种命运的时候，李清照却偏偏选择了不一样的道路。

年幼家好，无忧无虑，但突逢大变，锦衣玉食成了布裙荆钗；年少婚结，夫妻恩爱，但惊闻噩耗，琴瑟和谐成了形影单只；上天似乎喜欢和她开玩笑，所有一切的美好突然就被破坏。幸福，已经离她远去，剩下的只有无尽的孤苦与哀伤。

王国维说过，一切之诗，以血诗为最。一个人经历过刻骨铭心的岁月，才能写出引人共鸣的诗句。对于李清照，前期的美好无忧皆已不在，有的不过是历尽苦难的哀愁，物是人非，未语泪先流。

尽管命运将她紧紧扼住，她却用她的笔写下了反抗命运的千古名篇，她的命输给了天，但她却赢了命运。

读《诗集》，体味诗的魅力

初读《绝色》这首诗，并没有太注意内容是什么，只是单纯地觉得，雪色，月色，在一起，便构成了一幅极美的画面。而后慢慢长大，经历过某一次心动的感觉后，才发现这种猛然惊现的清秀美丽，是多么让人心动。

"新雪初霁，满月当空。"当夜色清朗，漫山满地的白雪映着皎洁的月光，将一切照得清冷时，"下面平铺着皓影，上面流转着亮银"，光影流连，这时的心境该是多么安静恬淡呀。"而你带笑地向我走来，月色与雪色之间，你是第三种绝色"；在这最美好的时刻，她出现了，在月色映照着的雪色中缓缓地带笑而来，就像是张爱玲笔下的白月光，赏景之人，怕是连心也是要被暖化了吧。谁能否定在这样一幅景致中的人，不是那赏景之人眼中的绝色呢。

可以说，这首诗描写的这种怦然心动的感觉，唤起了我们心里最单纯的那份美好吧。

《清平调》三首李白的诗，初读时便觉辞藻华丽壮阔，帝王的富贵气息被显示得充分而不奢侈。人们想到杨贵妃，第一印象就是她的丰满美艳，就像牡丹的艳丽圆满；"云想衣裳花想容，春风拂槛露华浓"，用得虽然不是十分张扬的词语，但就是能让人想到当时宫人们衣着的华丽，春意融融的宫廷聚会赏牡丹时的带有皇家排场的热闹。

"名花倾国两相欢，长得君王带笑看"，把君王看到两个绝色倾城都在自己身边时的沉醉，用一个"带笑看"便举重若轻地表现了出来。宫墙内的统治者，似乎已认定了牡丹就是他们生活最好的见证。而汤显祖《牡丹亭》中的草木，却是"这般花花草草由人恋，生生死死随人愿，便酸酸楚楚无人怨"。虽是"良辰美景"，但"奈何天"；虽是"赏心乐事"，但又是"谁家院"。

每朵花的宿命都是一样的，四季轮回，花开花落，最终都逃不过"化作春泥更护花"的命运。也许，每件事都是这样吧，有骄傲的一面，也会有落幕时的清冷。

在李清照的《好事近·风定落花深》中，海棠在诗人眼里的形象，一直都是代表着善解人意、温柔可爱的女子。若是有人研究过花语，那么对于它的"解语花"称号必然也是熟悉的。

我喜爱海棠，大约也是这个缘故吧。但是，我却更喜欢黛玉海棠诗中的"偷来梨蕊三分白，借得梅花一缕魂"中的形容。如此，将海棠的洁白无瑕，气质脱俗便形容得清新而不做作。潇湘妃子在这一首诗的尾联，一句"娇羞默默同谁诉，倦倚西风夜已昏"，虽是形容的"秋闺怨女"，但很自然地让人也联想到在明静的夜色下，一旁的海棠与忧伤的女子无语相依，静静地陪伴着的样子。这样的海棠，令人心安，令人爱怜。

海棠，便是这花中温柔似水的那一个吧。又也许，正是因为这种骨子里的柔情，才让海棠的凋谢又显得那么凄婉，让无数多情的文人墨客为其黯然神伤。在李清照的这首词中，有"长记海棠开后，正伤春时节"，又兼"魂梦不堪幽怨，更一声啼鴂"两句，我们仿佛可以看到词人此时的伤春悲秋，叹年华易逝，晚年如这纷纷落下的花瓣一般飘零的忧愁之色。在她的另一首《如梦令》中，那一声"昨夜雨疏风骤，浓睡不消残酒。试问卷帘人，却道海棠依旧。知否，知否，应是绿肥红瘦"，让多少人也因此而感慨不已。如果真的让我选择播种某一种花，那么我可能真的会种一株海棠，向它倾诉我不可言明的深意，同样，它也会以无言的陪伴来回应我。

《柳絮》中的杨花，这种从名字看起来是一种花的物种，它其实就是我们日常就可以见到的柳絮。杨花无根，故总有文人认为它是无情之物，无根也无依。

《红楼梦》中潇湘妃子的柳絮词中，就有"一团团，逐队成球。飘泊亦如人命薄，空缱绻，说风流"这样的叹其漂泊无依的词句，因而被很多人用在游子的身上。黛玉词中的最后一句"嫁与东风春不管，凭尔去，忍淹留"，正是让人心痛神痴。而杨花虽被看作无情之物，但它的"主人"杨柳却是有多情的一面的。无论是"昔我往矣，杨柳依依"，还是"羌笛何须怨杨柳，春风不度玉门关"，折柳送行的习俗都体现了它表现出来的依依深情。还有"草长莺飞二月天，拂堤杨柳醉春烟"表现出来的春意融融，杨柳在我们心中的印象都是多情的、温柔的。

也许所有事都是这样的，没有绝对的好，也没有绝对的坏，每件事调和的口味不一样，欣赏的人便也不一样了。

舒婷的《致橡树》，虽然这首诗的名字叫"致橡树"，但我却总是把目光关注到那株木棉上。书中介绍木棉花，都说它是"落叶大乔木"，绽放时花开得大而艳丽，不似别的花那样娇小，总流露出柔弱之感，反而是热烈得像个青年，敢爱敢恨。"你有你的铜枝铁干，像刀、像剑，也像戟；我有我的红硕花朵，像沉重的叹息，又像英勇的火炬。"每当读到这句诗，我都会想象到，在辛亥革命后一个新旧交替的年代，一对阳光积极的青年恋人，用自己的青春热情捍卫着自己的婚恋自由，捍卫着爱情的自由和平等。

即使在现在，我们的社会仍存在着一部分的性别歧视，我们要像诗中的木棉一样，独立、自主，追求心灵上真正的独立。

"欲买桂花同载酒，终不似，少年游"这句词是我最爱的之一了。想要和年少时一样载酒同游，而自己却终究已经不是当年那个意气风发的少年，不再那么单纯，也不再那么充满斗志，即使是我这样一个还正青春的人看了，也甚觉凄凉。

不过我想，如果我没有读过这些诗词，也许我对桂花完全会是另一种印象，它带给我的也许只是在秋天天气转冷时的一种甜甜的安慰，一种诗意的韵味吧。

纳兰性德的《生查子》，他最初喜欢合欢花，就是喜欢这个美好的名字。合欢，就意味着美满幸福，意味着甜蜜喜乐。"不见合欢花，空倚相思树"，合欢花，相思树，都意味着夫妻间的美满，然而却是一个"不见"，一个"空倚"，突出了词人此时的凄凉的心情。

我也发现，虽然合欢的本义是圆满的，但总是在诗人的词中以对比的形式出现，久而久之，我竟觉得这花带有了一些凄清。如元好问的《江城子》"枉秀合欢花样子，何日是，合欢时"，初读时，就让人有一种莫名的心酸之感。

也许这就是诗词，甚至文学的魅力吧。虽然我们还不知其中滋味，但就是能被代入其中的忧伤之中。

戴叔伦在《苏溪亭》中提到杏花，总会让人想起烟雨的江南，让人心软，让人沉醉。"燕子不归春事晚，一汀烟雨杏花寒"，虽然花是无辜的，但当一朵小小的、粉白的小花，在朦胧的烟雨里，却是那么让人感到满心的清寒。在诗里，杏花总是和烟雨一起出现的，也多是忧愁或是淡然的神态，就像那句家喻户晓的"借问酒家何处有，牧童遥指杏花村"，多么的清新淡然。然而，"绿杨烟外晓寒轻，红杏枝头春意闹"，虽然是烟雨轻寒，但一个"闹"字，就改了全诗的基调，也改了杏花以往的形象，新奇有趣。

喜欢一个人却没有明说的时候，总是会因为他的喜怒哀乐自己也跟着或喜或愁。甚至，有时会因为他偶尔投过来的一个眼神，就想象他是不是在借目光诉说着什么，自己当时的举动有没有不合适等，按现在的说法，就是不停地在脑子里给自己"加戏"。

可是，这个时候我们又是多半不会跟别人说的，怕惊到自己小小的希望，说是寂寞的秋的清愁，说是辽远的海的相思。假如有人问我的烦忧，我不敢说出你的名字。一个纯情少年的形象便十分鲜明了。

读《一年灯火要人归》，解唐诗宋词

《卜算子·佩解洛波遥》

佩解洛波遥，弦冷湘江渺。月底盈盈误不归，独立风尘表。

窗绮护幽妍，瓶玉扶轻袅。别后知谁语素心，寂寞山寒峭。

"佩解洛波"指的是洛神；"弦冷湘江"指的是湘妃。词人说花如水边仙女，盈盈独立。不知别后天寒地冻，会有谁来护持素心，婉约表达自己将离开的不舍。

《咏闲》

但有闲销日，都无事系怀。

朝眠因客起，午饭伴僧斋。

树合阴交户，池分水夹阶。

就中今夜好，风月似江淮。

白居易的这首诗，写了闲暇生活的悠哉。平凡一天，现代生活普遍忙碌，若有自由自在的片刻，千万要珍惜。

《高溪梅令》

好花不与殢香人，浪粼粼。又恐春风归去绿成荫，玉钿何处寻。

木兰双桨梦中云，小横陈。漫向孤山山下觅盈盈，翠禽啼一春。

　　有美丽的春花，却没有相伴看花的意中人。甚怕春风过后，绿叶成荫，花人皆难寻。回首前尘往事，少女已远去，唯有莺啼长伴思绪。

　　试想荡舟重游曾经两人同游的故地，听见山漳传来悠悠且绵长而孤独的莺啼。物是人非，人未归。

读《飞鸟集》，感受人与自然的美

如果说文字是上天的馈赠，那么诗歌便是天使的歌声。读泰戈尔的《飞鸟集》，便好似与大自然对话，倾听水声，关注草语，看飞鸟掠过窗口，叹落叶归根。

《飞鸟集》乍眼看来，内容似乎包罗万象，涉及面也比较广，白昼和黑夜、溪流和海洋、自由和背叛，都在泰戈尔的笔下合而为一。然而，就是在这种对自然、对人生的点点思绪的抒发之中，诗人以抒情的彩笔，写下了他对自然、宇宙和人生的哲理思索，引领世人探寻真理和智慧的源泉。他的诗像珍珠一般闪耀着深邃的哲理光芒，不仅唤起对大自然、对人类、对世界上一切美好事物的爱心，而且启示着人们如何面对现实人生的理想追求，让整个人生充满欢乐。泰戈尔在他的诗歌创作中，以一颗赤子之心，讴歌的是对人民的真挚的爱，抒发出对整个大自然、人类，以及宇宙间的美好事物的赞颂。

诗人并不是为了自然而写自然，这里的自然是和人相契合的。抒写广阔博大的自然世界，实际上是为了给人性极大的自由。鸟儿在天上自由地飞行，这就暗示着人类向往却又不可企及的巨大的自由。然而暮色中归巢飞鸟的翅膀，又使诗人想起人类情爱的不可阻挡的力量。星星也是自由、爱情和欢乐的象征，它们就像天庭盛开的花朵，它们又似乎在默诵着神的美妙乐章。

《武陵春·春晚》的艺术赏析

《武陵春·春晚》

李清照

风住尘香花已尽，日晚倦梳头。

物是人非事事休，欲语泪先流。

闻说双溪春尚好，也拟泛轻舟。

只恐双溪舴艋舟，载不动许多愁。

　　落花触地，染上花的芳香，旨在打扮打扮，而作者却疏于梳妆打扮，是因为物是人非，事事从休，刚想说什么，眼泪先下来了。前两句，含蓄；后两句，真率。含蓄，是由于此情无处可诉；真率，则由于虽明知无处可诉，而仍然不得不诉。故似若相反，而实则相成。作者笔锋又转，听闻双溪景色向好，打算出游，解乏消愁，又怕莲叶轻薄，载不动万千愁绪，也便打消出游想法。全词婉转哀啼，令人读来如见其人，如闻其声。

读《道德经》，领悟人生之道

"企者不立，跨者不行。"人是脚跟着地前行的，而用脚尖站立，是站不牢靠的；人是用正常步走路的，大跨步前行是走不远的。人的主观意识和客观规律之间一般存在矛盾，人只有按照客观规律办事，才能不使行为和结果太过偏离。自见者不明，自是者不彰，自伐者无功，自矜者不长，前书已经出现贯彻着老子以退为进、委曲求全的处世哲学。这是其在道也的原因。

"有物混生，先天地生。"有所谓浑然天成的东西，在天地形成以前就已经存在了。道是物质性的，是最先存在的实体，其不以人的意志为转移，无所不在地运行而又永不止息。道的概念是很模糊的，但我们又真实地感知道的存在，为衍生天地的根源。"人法地，地法天，天法道，道法自然。"道法自然的意思，道是自然生成的，它向自然学习，效法并顺应自然。

美之为美，善之为善，丑与美相互对立，善与恶相互对立。人们知道美的概念，丑的概念也就相应形成了；人们知道善的概念，恶的概念也就相应形成了。有和无相对而生，难和易相互成就，长和短相互比较而显现，高和下相对而存在，音节和旋律相互和谐，先和后相随而有序。所以万物生长处事，应是顺事而为，任其自然发展，而不应人为强加自己的意志，这就是老子无为思想的体现之一。无为，没有强加，没有据为己有，也就不会失去。

上善若水，老子认为人的最高品德就如同水的品德，水处卑下垢浊的位置，却能滋养万物而不和万物争名夺利。人要有水一样的品德，把个人处于众人之下，思想深邃而清明，有不争谦下的美德，清静无为而又无所不为，这是处世待人之道。

人的欲望是无止境的，这是本性使然。执持盈满，老子指出不如适可而止；富贵而骄纵，是自己给自己带来祸害；要功成身退，这才是自然运行的规律。名与利生不带来死不带去，人与大道同步才能做到收敛自如，进退有度，才能达到失也是得，退也是进的境界。

孔德之容，唯道是从。老子提出"德"的概念，大德者唯一服从的是大道。大道无形，大道无声，只能通过我们的思维去体认，而德却能被人看到，它是人类对道体认后所采取的行为，德是道在人类身上的体现，德是形式，道是内容。道之为物，惟恍惟惚，大道是恍恍惚惚，似有似无的，我们无法看到它们，但是其中精致微妙的东西真实地存在着，那就是事物的本质，这一本质是超出我们所能认知的范畴的。德，对于我们而言，是品格，是德行，是成功者所具备的内在素质的标准性外化。领悟大道的人才能拥有大德，受人敬仰，世人楷模。

"曲则全，枉则直，洼则盈，敝则新，少则得，多则惑。"委曲求全是一种低姿态的生活方式，委曲求全有时能保全自己，以免受外来的伤害，在一定程度上可以将其界定为一种大智慧。这并不是一味地委曲求全，而是教育我们，有时候为了达到全，不妨先曲，而为了达到直，不妨先枉，得道之人永远处在曲和枉的境界里，所以就无为地得到了全和直，也就无所谓曲和全，直和枉了。没有了概念和分别，也就没有了矛盾，没有矛盾就不存在痛苦，即所谓自在无为，与大道同步。委曲求全是一种智慧的处世方略，这是解悟大道之人的行为，也可以说是真正的大德！

第二篇

历史故事

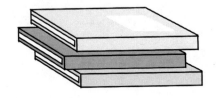

从《大秦帝国之变法强秦》识商鞅变法

春秋争霸余波未止，百年兴衰演变更迭。称霸列国的秦穆公，此时已积贫积弱。四世乱政，内忧外患；列国卑秦，不与会盟。中原诸侯视之为西蛮，国之大辱，莫过于此。山东六国蓬泽会盟，曰之六国定天下。魏文侯，贤君治国；魏武侯，明君拓土，笑傲诸侯。但也为第三代君主魏惠王和百年大魏埋下傲慢自大的种子。而他的西邻——秦，经厉、躁、简公、出子，四世乱政，国家瘫痪。

秦孝公即位危难之间，他深知："变，一定要变。不变就要挨打，不变则亡。"等待他的知己卫鞅也正因魏相推荐不中，考量着何处一展抱负。冥冥之中，他俩将会是生死相扶。轻视对手，必将一败涂地！千年前的大魏帝国本最可能完成一统大业，却因轻视对手，结局令人唏嘘。

秦孝公告天下之士：秦，自穆公称霸，国势有成，大业有望。然，其后诸君不贤，厉公、躁公、简公、出子，四世政昏，内乱频出，外患交迫，河西尽失，函关易手，秦始由大国而僻处一隅。其后，献公即位欲图振兴，连年苦战，饮恨身亡。当此之时，国弱民穷，列国卑秦，不与会盟。且欲分秦灭秦而后快，国耻族恨，莫大于此。

本公即位，常思国耻，悲痛于心。

今，秦孝公明告天下：但有能出长策、奇计，而使秦国恢复穆公霸业者，居高官，领国政，与本公共治秦国，共享秦国。无疑，在礼制森严的时代，敢于痛说国耻，批判先祖；在诸侯为尺寸之地而大动干戈时，敢于分享领地，共赢天下的孝公是时代的前沿之君，是乱世的崛起之君，亦是务实诸子所向之君。奋六世余烈之鼻祖当之无愧。

正视罪责，批判自我；历史错误，不该遗留。这是当代人的担当，亦是时代发展的需求。日本对侵华罪行的否定，于我中华民族是愤怒的、无耻的，于他大和民族亦无疑是可悲可怜的。"以史为镜，可以知兴替"，他族莫须有，我辈当自知。

卫鞅入秦，三说秦公，深彻变法，生死相扶；庭争定策，侃侃而谈，依法治国；徙木立信，官无戏言，凝聚民心。废井田开阡陌，刑治太子傅、公子虔。我读的是文学书，所以若非要苛责商君也只能夸大而言："酷吏无情，苛政猛于虎。"网上对商鞅变法理念实质总结为"铲除仁义和平善良孝悌、人人互相监视互相告密、'弱民''愚民'如此使国家强盛"。这充满批判的评论会不会让人觉得是没有考虑历史局限而有失公允？商君之法，法不容情，法贵时效，开千古之先河。无可否定，他是推动历史前进的。在法律面前人人平等的特色社会基本框架里，我辈是幸运的，所以少些抱怨，少些消极，感恩生逢其时吧。

春秋历史的精彩，加之作者的见解特写，让这本文学书大气磅礴，叙情特写虽少却真挚神往。这里分享一段秦收复河西、变法大成时商君对一统时势的看法："天下纷扰割治五百年，一统大业自是千难万险，而且，绝非一代所能完成。商灭夏，历时两代。周灭商，历时三代，近百年。仅仅秦国由弱变强，就用了二十多年。若要东出，与六国争天下，直至扫灭六国，一统天下于秦，鞅不能测算何年何月才能成此伟业。可是，有一点儿可以测算，以天下时势，秦统一天下，当比周灭商更难。至少，要经过几代人反复较量。"就好像现在的中国，从贫弱走向了强国，但要实现真正意义上的复兴中国，绝非一代一辈之职责，它还需时间的积累，需几代人为之奋斗。纵向读国史题材的书籍，会找到民族自豪感，文化自豪感，还会多一些社会责任感、担当感。感觉真好。

作者还是选择了尊重历史，将车裂商鞅作为《变法强秦》的结局。一代铁腕执政家用毕生心血乃至生命开启了封建文明。鞅之宿命，鞅之追求，是大秦六世坚持不变的法令治国；鞅之价值，鞅之伟大，是立法荡群臣，强秦扫六合的不世功勋，是读者、作者尤为喜好圆满美好的结局，但这以史为骨的文史书，还是不出意料的悲剧结尾了。

它的悲剧亦不仅是有功之臣的历史性牺牲，亦有孝公与商鞅君臣相知共图一统大业却抵不过天妒英主的遗憾。若苍天再予孝公二十年，当金戈铁马定中原。作为一位读者，总是会回想书中的美好而惆怅悲剧的结尾，心中的《变法强秦》停留在秦孝公"变法强秦，生死相扶"的誓言里。

从《大秦帝国之七国纵横》识合纵连横

中央电视台的《大秦帝国之纵横》，是我最喜欢的影视作品之一。影视作品给予主角极为强大的光环，让其他角色显得极为暗淡。书本虽也有作者情感倾向，却更真实、更客观，让更多的人物有思想，有智慧、有信仰，特色鲜明。

这部文史书，前半部似乎单是文笔的叙史，细细品味，却发现作者给予人物很多的思想，给予历史的点评。作者沉稳，谈写纵横，前半部却在连横家张仪身上省下居多笔墨，重点文笔写下合纵家苏秦的故事。张仪沉得住气，作者也沉得住气；以静制动，韬光养晦的道理存于史，隐与纸，当于行。

回顾整部作品，历史价值虽大打折扣却成就了本书主题——合纵连横。

上半本，秦惠王加冕，强秦欲天下，苏秦游说六国，佩六国相印，合纵锁秦函关十五年。

下半本，张子任秦相，离间南楚破联盟，戏耍楚王大败楚军，连横六国强大秦，一怒而诸侯惧，安居而天下熄。两千年前纵横捭阖的外交大智慧，令人折服。天下熙攘，皆为利往；庙堂蝇营，皆为名来。

一代纵横家利己利国的游说竟左右天下苍生，何其魅力，何其神气。一本文史在先秦风骨的歌吟后结束……

功也，过也，明日黄花；成也，败也，游子白发。

从《三国原来是这样》
杂谈人与历史

三国中的很多女性经小说、游戏等的宣传，知名度极高，结合个人观念漫谈一位才女——蔡文姬。蔡琰，字昭姬、文姬，东汉末年文坛宗师蔡邕的女儿。范晔在《后汉书·蔡琰传》中称她"博学有才辩，又妙于音律"。"蔡文姬"之称理解起来便顺理成章了。

在我看来，她的诗情仅略逊李清照，她的经历，悲于李清照。要知道历史作家评析她的作品《胡笳十八拍》在汉乐府诗中的地位，就相当于《念奴娇·赤壁怀古》在宋词上的地位、《三国演义》在小说史上的地位啊……

分享我比较有感触的一段：

> 天无涯兮地无边，我心愁兮亦复然。人生倏忽兮如白驹之过隙，然不得欢乐兮当我之盛年。怨兮欲问天，天苍苍兮上无缘。举头仰望兮空云烟，九拍怀情兮谁与传？

希望更多对诗歌、对三国历史感兴趣的书友了解下这么一位博闻强记却又命运坎坷的汉末才女。

这一章节讲的是三国非主流顶尖智囊的悲喜人生，作者分析的人物个人比较喜欢，所以也结合个人观感评说。首先是很赞同士林大儒陈登的"饥鹰理论"——"譬如养鹰，饥则为用，饱则扬去"。人在饱和状态就会失去动力，个人发展、社会发展都需要饥饿感。袁绍智囊团里的谋士沮授也是极具名族气节的，即使不能家喻户晓也该青史留名。坚定信仰、矢志不渝的历史人物总是充满感染力的，陈宫忠于仁义、荀彧忠于汉室，诸葛亮忠于克复中原兴复汉室。

最有感触的还是贾诩的世事洞明，人情练达。他的才学智慧和果敢决定了他不凡的仕途，他的隐忍性格成全了他终能在乱世中独善其身。

该表明态度的时候，绝不含糊；不需要出头的时候，韬光养晦。这既适合当代使命担当观，又不失为一种精彩的人生信条。

东汉末年，诞生的新诗体——"汉乐府"在历史诗坛和应试教材里尽出风光。《孔雀东南飞》《上邪》，曹魏文人的诸多作品都归类于《汉乐府诗》。这里想分享先前只知其名的《洛神赋》里的非常出彩的一小片段："其形也，翩若惊鸿，宛若游龙。荣曜秋菊，华茂春松。髣髴兮若轻云之蔽月，飘飘兮若流风之回雪。远而望之，皎若太阳升朝霞；迫而察之，灼若芙蕖出渌波。"谢灵运言道："天下才俊共一石，曹子建独得八斗。"确实有他的道理。

出于对三国历史的略微熟悉，这部作品仅是细看非分析人物的章节，但也读得出来作者写得很认真，很投入。评说观点有很多个人想法，经济、政治、文化都有个人细节分析。尤其觉得作者整体布局很系统，"书评书"能够分类归纳、井井有条，囫囵式阅读也能涉猎更多内容，更多思想。

从《孙子兵法》
学谋略与虚实

《孙子兵法》三"谋攻篇"中孙子说：但凡作战，其原则必然是使敌国全部屈服是上策，用武力攻破敌国之后，他们才屈服就差一些；降服敌人全军是上策，击破敌军后他们才降服就差一些……因此说，常打胜仗，可以做到百战百胜的将军，算不上是最好的将军，只有不通过交战就能让敌人全体降服的，才是优秀将领中那个最好的将军。

本篇主要讲述了如何进攻敌国的问题。孙武主张以尽可能小的代价去获取最大的成功，力求不战而胜，不需要久战而毁灭敌国。

最完全的胜利，并不是靠武力，而是靠脑力，靠策略，不动兵马就能把敌人降服。在当今学习生活和工作中，也同样需要策略，为了谋取胜利，我们要在"战争"开始前做充分的了解，不仅要知己，还要做到知彼，事先制定出作战策略，让敌人不攻自破。不战而胜为完胜！

《孙子兵法》六"虚实篇"中孙子说：凡是先到达战场并牢牢占据战场，从容等待敌人的，就获得了主动权；而后到达战场，匆忙投入战斗的就会身处被动，从而为疲劳所累。所以说，善于指挥作战的人一定是能成功调动敌人而不被敌人所调动的。本篇主要论述了指挥作战如何争取主动权，灵活地打击敌人。

孙武认为，要取得主动，要善于诱敌以利，调动敌军而不被敌军所调动，就要善于了解敌情和敌方隐瞒我军的意图和行动，避实击虚。此策略对于我来说可借鉴之处在于：事先准备，获得主动权，从容等待敌人。

古语有言：笨鸟先飞，作战前就算耗费大量时间、成本来夯实基础，了解敌我情况，也是必要的。争取做到万事有计划，有条不紊地进行。

从《曾国藩：又笨又慢平天下》，
解读"悟""志""毅"

1811 年 11 月 26 日，大名鼎鼎的曾国藩来到人间。曾国藩自小就不是天才，没有超强的记忆能力，更没有举一反三的领悟力，甚至在平辈的人中，他算是一个资质平庸的人。然而，他最后成了晚清的一位名臣，靠的是"勤能补拙"的意志力。16 岁那年，曾国藩开始考秀才，不中。他不因此气馁，反而将此作为鞭策自己的动力。一直考到第七次，在他 23 岁那年才成功入围秀才。中了秀才的他，第二年再中举人，但在进士的大门前，他又栽了跟头。在第三次会试时，终于得到一个"同进士"称号，同进士不是进士，而是相当于进士。之后，曾国藩得到中堂穆彰阿的举荐，他的仕途也从此开始。

太平天国运动的兴起，给了曾国藩施展才能的机会。1853 年 1 月，咸丰皇帝任命他为湖南团练大臣。曾国藩建立的湘军从一开始被太平军穷追猛打，到后来在与太平军的战斗中所向披靡，从陆上军队到水中军舰，都得益于曾国藩及为他出谋划策的同人们。曾国藩之所以能从籍籍无名到后来名扬天下，其中离不开他那常人难以企及的毅力。曾国藩向我们诠释了一个人在笨与慢的先天条件下，如何通过后天努力获得自己想要的成功的真谛。

意志力的表现：曾国藩戒烟升入翰林院，伺读的曾国藩充满进取精神，写了一副对联表达他的人生态度：不为圣贤，便为禽兽；莫问收获，但问耕耘，以表达他"学做圣人"的决心。曾国藩之所以不问耕耘，是因为他知道自己的耕耘比较慢，短时间内无法看到收获。但他认为，慢不要紧，只要耕耘就必有收获，这也是他多年来身体力行得出的真理。

　　曾国藩曾在年轻时因为不中秀才而染上了烟瘾。有一次，他在抽烟时想到了不少抽烟的坏处，再想抽烟的好处和抽烟的圣人，脑袋一片空白——没有。这让他生起了戒烟的念头。在做了十几天的无用功后，他发下狠誓。这次他成功了，虽然在戒烟的过程中，他会每时每刻都心神彷徨，六神无主，但他用毅力撑下来，生不如死地熬了20多天，终于把烟给戒了。从这件事我们可以看出，曾国藩确实有值得他为之骄傲的毅力。若是我们也有毅力，许多原先觉得不可能做到的事情，有没有可能会变少呢？

从《曾国藩成就大事十八讲》解读成就大事的必备品质

　　竭尽血诚者，必有所成就。肯为国家竭尽血诚者，必将为后人景仰。影响曾国藩成就大事的要素有很多，自然要把血诚列为第一。跟他同时代的人，有立功的，有立言的，也有立德的，而能并三者，仅此一人，那就是曾国藩。他是一介书生，来自农村，全无背景，却能官至极品，统兵三十万，号令天下人才，成功镇压了太平天国，靠的就是他的一片赤诚。

　　曾国藩早年就发达了，所以他的人生理想就是兼济天下。他的仕途之路，有很多的艰难坎坷，即便惹怒皇帝，他也要尽自己的赤诚之心，敢于谏言。在长沙被追杀时，靖港吃了败仗时，坐困山西时，遇险祁门时，因天津教案而被全国唾骂时，靠着一片赤诚，他硬生生地挺了过来，支撑到了生命的最后。即便他表现出软弱的外交和投降主义，我们也不能不考虑到当时时局的局限性。

　　乘时：追逐天下大事，方可成就伟业。同治六年（1867），那时太平天国已经被镇压下去，曾国藩跟他的幕僚赵烈文说，"成就大事，往往运气靠六分，人事占四分"。可见曾国藩把"乘时"看得比主观努力还要重要。

　　曾国藩一生有许多乘时的行为，表现在他考取功名，向咸丰帝谏言，和太平军斗智斗勇。如果你想成就一番事业，又快又好的方法就是乘时，唯有立在时代潮流的浪尖上，最易夺取功名，当然也最容易被打倒。这个世界是辩证的，就像一滴水，只有敢冲在时代潮流的最前端，才能最快地流入大海。

谋略：成就大事以谋略为主，以勇力为辅。中国是一个智慧型国家，沉淀了太多的谋略智慧。《孙子兵法》讲"多算胜，少算不胜"，这就是用兵的一种谋略。某个人城府太深，就会让人感到恐惧，那是因为他把谋略权术用在了私人事务上。带兵打仗是生死存亡的大事，就不得不谨慎，不能没有谋略。曾国藩熟读"二十三史"，无论做人还是做官，带兵打仗都有他高深的智慧。做人做官的谋略，他强调一个"诚"字和一个"耐"字，人人以诚相待，事事坚忍顽强。镇压太平天国完全是一个全局性谋略。例如，攻陷安庆的围点打援策略，用长壕围困的方法攻打武昌、瑞州、吉安等地。曾国藩高深的智慧使他在太平天国势如破竹的进攻下，不仅抵挡住了他们全部的锋芒，还反败为胜。

大局：不谋全局者，不足谋一时。曾国藩下围棋有瘾，在战时最吃紧的日子里，几乎天天下，多的时候可以下到三四局，就是为了缓解自己的精神压力。他就是用下棋来培养自己的大局观。办洋务运动的时候，他主张自己办厂，自己造船和大炮。但是缺乏经验，十年才造出来第一艘船，还行驶得慢，根本不能满足军事上的要求。但是他更加看重未来的希望，希望自己能够摸索出技术，不再受制于洋人。

相比李鸿章直接购买的方法，曾国藩还为国家保留了一些技术力量。虽然洋务运动存在某种先天缺陷，以失败告终，但是足可以看出曾国藩在那个时代的长远目光。

他的大局观来自他的胸襟抱负，以天下为己任，达则兼济天下，穷则独善其身。从他带兵中更能看出他的大局观，在左宗棠收复浙江，李鸿章肃清上海、苏州、常州等地后，南京就成了一座被湘军围困的孤城。整个战争的过程几乎都是按照曾国藩设计的顺序进行的，这不得不归功于曾国藩优秀的带兵能力和良好的大局观。

立志：立志不难，难在立大志，难在如何实现它。周恩来小的时候，老师问他为什么读书，他说"为中华之崛起而读书"，这等豪言壮语不是每个人都能讲得出来的。所以说立大志难，难在敢不敢立，难在敢不敢说。说出来了还要做到，做不到就成了空话，不仅被嘲笑，也损害信心。曾国藩有胆识，有见识，还有手段。

曾国藩的大志就是要做圣贤豪杰，"做第一等的人物"。曾国藩考取功名多次，虽然考中了进士，却进不了翰林，在别人看来已经是非常了不起的成就，他自己却觉得羞愧难当，可见他的功名心是非常强的。

用他的话来总结就是"无徒浮慕虚名，人苟能自立志，则圣贤豪杰，何时不可为，何必借助于人"。

高明：与其精明，不如高明。曾国藩成就大事，运气成分撇开不论，见识高明的地方也是有很多表现的：第一表现在努力建设新军队；第二表现在镇压太平天国，从思想上争取多数，孤立少数，不走单纯的军事路线；第三表现在把安庆作为主战场，与太平天国作战略决战；第四表现在功高震主时的清醒意识，在功成名就之际给自己找了好退路。

这里主要说一下第四点，曾国藩拥兵自立，却没有做皇帝的野心。在攻克安庆之后，曾国藩完全可以据守安庆，控制长江上游，自立为王。南京有洪秀全，北京有清廷，成立三足鼎立之势，谁也没有力量同时打击两个对手。但是曾国藩儒臣从戎，为的就是保家卫国，志向在于成为清朝的一位圣贤、名臣。对于当时形势和中国历史有着清醒、深刻的认识，这是他的高明之处。

坚忍：唯有从艰苦中得来，坚韧不拔，事业方可长久。成就大事的人没有不经历艰难困苦的，总是在经历大挫折之后，才能赢得傲视天下的成就。从小到大就看到过很多关于这种例子文章，这里简单举几个：晋文公在外流浪十九年，尝遍心酸，才能称霸诸侯。司马迁被处以宫刑，于是发愤著述，传下来《史记》。曾国藩一生坎坎坷坷，自然也是受过很多的屈辱。在长沙曾国藩曾经遭遇过兵变，他作为堂堂的国家二品官，竟然遭到士兵的围攻，差点儿丧了命。这般羞辱，他怎么能忘，所以后来他发愤练兵，就是要让那些幸灾乐祸的官员们看一看。发愤练兵，当时曾国藩不过是为了争一口气，没想到却成就了镇压太平天国的大功。他这种倔强、坚忍、不肯输的性格，对于成就大事是必不可少的。

曾国藩在靖港打了败仗，骂声满城，他满心赴死；后来又有湖口之败，损失战船，只好坐困江西，自然又遭到了当地人民的唾骂。在这些困境中，曾国藩唯一做的就是坚忍维持，一味地忍耐。这样的坚忍执着，确实给人启发。

胆气：无胆气者，无成就，亦无功名。胆气来自先天，也来自后天的培养。曾国藩困守祁门发生在曾国荃围攻安庆之时。曾国藩重新出山后定下战略性决策，打算把安庆作为主战场，围点打援，与太平天国决一死战。祁门地形复杂，是兵家所谓的绝地，无险可守，凶险异常。

李鸿章不愿意涉险，曾国藩却不怕，在这里可以看出曾国藩作为一军主帅的胆气，难怪都说曾国藩有开创之功，李鸿章都愿意跟随他。大敌当前已经是十分困难，东面的粮道又断了，又是一大困难。但是更为艰险的事情发生了，他接到朝廷的命令，要他速派兵北上，原来是英法联军打到北京来了，烧了圆明园，咸丰帝仓皇出逃。曾国藩思虑再三，决定按兵不动。渡过朝廷的危机之后，却面临更大的困难，李秀成带着主力部队已经达到了他的面前。

曾国藩视死如归，甚至写下了遗书。但是为了稳定军心，曾国藩摆出大帅风度，镇定自若，等待援兵。危机又一次化解。曾国藩其实是一个非常聪明又很有胆识的人，攻打徽州、祁门遇险、江西绝境，都被他一次次化解。凶险异常，但是每一次曾国藩都是大将风范，视死如归，这就是他成就大事的性格特征。

刚直：惟刚直可用，能担当重任。曾国藩说，"懦弱无刚"四字为大耻，故男儿自立，必须有倔强之气。他的刚表现在敢于坚持自己认为正确的东西，即使皇帝命令，也敢忤逆不听，或者用刚柔相济的办法来达到自己坚持的目的。曾国藩在湖南创办水师，在重重艰难的情况下，创建了一支当时最先进的内河水师，但是曾国藩没有料到，他的兵没有练成，咸丰帝就命令他出征。曾国藩了解当时与太平天国在水面上战斗力的差距，向咸丰帝述说自己的难处，刚直的谏言让咸丰帝备受感动，这才允许他不出征。

他看不惯官场的腐败风气，刚直独立，也是因为坚持这种刚，遭到长沙地方官员的讥笑、排挤、刁难。曾国藩在早年时期，刚直的性格让他成就大事，但是到了晚年，明显可以看到他"刚"的变化。"天津教案"，曾国藩没有再坚持自己的意见，选择了投降的道路。后来随着他年龄的老化，更加害怕功高震主，这个时候的他早年的"刚性"早就磨完了。

多助：有些事情靠一个人努力就够了，成就大事却必须得配合。俗话说，"得道者多助，失道者寡助"。曾国藩得到了很多人的配合，在朝廷上也有很多人帮助他，所以他才能屡屡渡过困境，成就大功。曾国藩虽然得罪过不少人，但是他也成了很多人的可靠的盟友。穆彰阿帮助过他，肃顺也帮助过他。

在寻常百姓看来，穆彰阿、肃顺都是大人物，有他们这样的人帮助，曾国藩在自己的道路上才能走得顺利。曾国藩采用"争取多数，孤立少数"的方法招揽到了很多人才。在军营中，他有很多大将，包括塔齐布、罗泽南、彭玉麟、杨载福等。而在朝廷中，他似乎也没有刻意地巴结过谁，但是仕途却出奇地顺利，几次遇险，都有人替他说话，可见他在朝廷得到的帮助还是非常多的。曾国藩有所成就确实有很多"天时地利"的关系，但是"人和"的确对个人的成就有着非常大的联系。

狠绝：不狠无以成事。狠而不绝，狠中存义，才是真的高明。曾国藩要做成大事，也不得不狠。他的狠还有另外一种高明。他对皇帝、对朋友都下了狠心，却又不曾做绝，保持着忠君大义，所以他才能在狠心之余，得以保全自身。

在湖南当团练大臣，曾国藩就给皇帝报告说要用严刑除暴安良，即使有人骂他残忍严酷，也在所不辞。曾国藩采取严刑峻法，对土匪痛加杀戮，凡是形迹可疑之人，不论乱党还是百姓，一律严惩。

在严惩之时，曾国藩也在积极地团结人心，对于百姓他常常教育部下行军先爱百姓。在同一阵营中，他求贤若渴，借一方人才，平一方寇乱，又高举维护儒家传统的旗帜，迎合了当时的人心。

一面高举屠刀，一面团结人心，曾国藩狠中存义，这就是他比别人高明的地方。

小物：天下大事，必作于细。曾国藩位至公卿，日常小事当然无须自己动手。琐事安排下人去做，养成了习惯。小事不爱做，这虽然节省了时间，但是也养成了懒惰的毛病。他作为一个领导，要规划全局，当然也要抓住小事，否则散漫风气传开，上行下效，就会带来很大影响。曾国藩在《小物》一篇论文中讲道：古之成大业者，多自克勤小物而来。百尺之栋，基于平地；千丈之帛，一尺一寸之所积也；万石之钟，一铢一两之所累也。由此可见，曾国藩对于小物是十分重视的。

曾国藩重视哪些小事呢？他是文人带兵，常常写出一些诗歌鼓励士气，还亲自规定军事壕沟的尺寸，包括壕沟的挖造顺序。甚至连建造的茅厕都有明确规定等，这些都体现了他心细、事必躬亲的品行。

中庸：偏执狂可成就一时，唯中庸可成就一世。曾国藩在咸丰八年（1858）复出之后，最大的变化就是他开始彻底贯彻中庸之道。

儒家文化的核心是什么？如果说是修身、齐家、治国、平天下，那么中庸就是标准。曾国藩对于中庸的理解，如果用一句话来说，那就是他说的"入局"。曾国藩是儒家文化的杰出代表之一，如果不是他晚年失掉了民族大节，那他确实可以算得上是一位圣贤。

曾国藩起初没有使用中庸之道这个标准，在三次拒绝出兵这件事情上，他坚持的不是中庸，而是事情的轻重缓急，结果得罪了皇帝，也被朋友质疑。在曾国藩复出之后，处处用中庸，小心谨慎来要求自己，所以他才能立下大功，又能功成身退。

人才（上）：曾国藩鉴别人才的本事可谓当世无双，从来没有人像他那样得到过如此多的称赞。他不是帝王，却有帝王的气势，统领东南半壁江山，天下人才居其半。

要团结这么多的人才，第一需要的是广阔的胸襟，才能容纳他们；第二要有一双慧眼，才能发现他们；第三需要相当的功名，才能留得住他们。曾国藩起初训练的湘军，规模很小，只有一千来人，人才多是通过熟人介绍，这个方法虽然招揽人才的范围有限，但是容易得到德才兼备、值得信赖的大将之才，江忠源、胡林翼、左宗棠、李鸿章都是熟人圈子里出现的。随着军事上的胜利和湘军的扩大，对人才的数量和质量都有了新的要求，曾国藩每到一个地方，都要求地方推荐人才，他自己亲自接见。

这就表现了他礼贤下士，成就大事的胸襟和气度。反观太平天国，在寻求人才、团结人才方面，显然远不如曾国藩做得透彻，这是他们失败的一大原因。

人才（下）：大才靠天生，主要通过发现，难以培养。中层干部却主要靠培养。中层干部是帮助你成就大事的中坚力量，要特别重视。曾国藩爱才如命，寻访人才是走到哪里找到哪里。人才是培养的还是天生就有的呢？曾国藩仍然坚持中庸的观点，相信两个方面都有。江忠源、罗泽南、胡翼林、左宗棠等人，完全是靠自己修炼而来，曾国藩对他们没有花什么工夫，而李鸿章、曾国荃等人则主要靠曾国藩的栽培，再通过他们自己的努力也成就了一番功名。湘军的许多人才，几乎都得到过他的培养和训导。曾国藩写了大量的家书，耐心地教导几个弟弟，还有自己的儿子。在衡阳练兵时，他就对军人进行普遍的教育训练，做思想工作，做军事技能培训。

这里总结一下曾国藩的为人：曾国藩自身当然有很多的优点，勤奋刻苦，目光远大，忠君爱国，军事才能突出，早年刚正不阿，但是晚年又因种种原因被许多人唾骂。

从《韩非子说》
漫谈韩非子及其法家学说

　　本书的作者是以漫画的形式讲述韩非子的一生及他所提倡的法家学说。韩非，战国末年韩国的公子，喜好刑名法术之学，为法家创始人。当时，强秦的宰相李斯和他一同师从楚国大儒荀子，李斯亦认为才识不如韩非。虽然后来韩国被秦国所灭，韩非子亦死于秦国，但韩非子的学说仍旧留存了下来，并且影响极深。

　　其中在一节《箕子的忧虑》中，讲述了箕子因为看见商纣王用象牙制作而成的筷子用餐，便预料说天下会有祸乱。而我们也知道因为商纣王的暴政，给了天下的百姓极大的灾难，也导致了商朝的灭亡。箕子如此解释：大王用象牙筷子就不会用泥土烧成的陶器，而会用宝玉做成的杯盘；使用象牙筷、玉石杯盘，就不会吃菽藿做的菜肴，而去吃牛象豹等肉食；吃牛象豹等肉食，就不会穿粗布短衣、在茅草屋下用食，而会着锦衣在青石高台中食用，到达这种地步便会极为危险。在小的细节中，看到会有大的事情发生，做到这一步便能算是明察了。生活中，我们若是也能多加观察，相信也会有意想不到的收获吧。

　　《韩非子说》之《得胜之道》。平时生活中，挫折和困境在所难免。赵国的国君赵襄王向王良学驾车，之后他们进行比赛。结果是襄王换了三次马，三次都输给了王良。襄王认为，王良没有尽全力教导他。王良却说，技术他全都教了，只是襄王用错了方法。王良对襄王说：驾车最重要的是让马与车子合而为一；而驾驶者的心与马的行动也要合一，车速才会快。原来，比赛时，襄王一心只想超过王良，他只注意王良的车子在前还是在后，使得自己和马车的步调不一致，导致了失败。得胜之道在于专注，心、身与物要合而为一，完全融入便能达至善之境。

很多事情往往说得容易，真要做起来，结果却往往不尽如人意。要想得胜则须专注，而现在要想做到专注，困难不小。通信科技的发达，使得人与人之间的距离无限缩短，联系便利的同时，带来的还有平时各种意想不到的打扰及诱惑。这时所能依靠的或许就是个人的自律意识和自制能力了吧。

《韩非子说》之《伯乐教相马》。有人来找伯乐鉴别马匹，如果伯乐不喜欢这个人，他会教这个人鉴别千里马；反之，若是伯乐觉得这个人不错，则会教他鉴别普通的马匹。为什么呢？原来，千里马难得一见，靠鉴别千里马而获利会很慢；普通的马匹很常见，每天买卖的马匹多是普通品种，而会鉴别普通马匹的人，获利会更快。作者通过伯乐教相马的故事总结出韩非的学术思想，并指出：自古以来，旷世良才千年难求，而真正承担国家社会的骨干，更多的只是平凡人中的贤人。若能有效运用这些中坚力量，就是最善治的人主。有的人生下来，就天赋异禀，即有着"神童"之称，而绝大多数的人则是相对普通，我们不能要求自己也是天才，也无须气馁，要想使自己成长为贤人，机会总是会有的。

《韩非子说》之《曾子杀猪》。讲的故事是曾子的妻子急着要到市场去，孩子哭着要跟去，她没办法了，只好对孩子说："你先回去，等妈妈回来杀猪给你吃。"这才安抚了孩子。曾子的妻子从市场回来时，看见曾子正要杀猪，旁边的孩子高兴地跑来跑去："爸爸要杀猪给我吃。"这个时候，曾子的妻子急了，对曾子说："刚才我只是哄哄孩子罢了，何必当真呢？"曾子向她解释："孩子什么都不懂，一切都要跟父母学。你现在欺骗他等于教他骗人。母亲骗了孩子，孩子就再也不会相信他的母亲了，那以后还怎能去教导他呢？"曾子说完，就把猪杀了。作者借着这个故事，解释了法家学说中的思想：君主对于赏罚一定要贯彻到底。如经常改变，或言而无信，那么法令就无法贯彻了。这个故事除了含有法学、政治思想，也含有对于个人品格上的启示：父母应该对孩子言出必行，不该以孩子不懂事为由而把对孩子说的话、答应的事情不当回事。

从《外国人眼中的中国人：朱熹》了解朱熹的人生

宋朝，是一个中国古典哲学复兴的伟大时代，很多伟大的哲学家应运而生。朱熹生于这个时代，是时代的幸运，也是朱熹的幸运。朱熹不是宋代理学的创造者，但因为他的出现，使得零散的、新的哲学思想被汇聚成了一个完整的系统。朱熹，南宋著名的理学家、思想家、哲学家、教育学、诗人，字元晦，后改仲晦，号晦庵，别号紫阳。其祖籍为安徽省新安府（今黄山）婺源县。宋高宗建炎四年九月十五（1130年10月18日），朱熹在福建省延平府尤溪县出生。

在朱熹四岁的时候，父亲就指着天空告诉他："这是天。"然而，朱熹却问了一个让父亲不知如何解答的问题：天为何物？既然他的父亲无法回答，那么只有自己不断进行研究。学校里的朱熹与其他同学在性情上相差甚远，当别的同学都在尽情玩耍的时候，他却一个人待在旁边，有时显得若有所思。他勤奋好学，在他8~10岁的时候就开始读《孟子》。在这个过程中，他意识到，作为学生必须做到勤奋以及对老师的尊敬。

朱熹的思想对后世产生了近七百年影响，可谓深远至极，相信这与朱熹本身的勤奋及对道德的热情是分不开的。

从《人类简史》
看哥白尼革命与中国历史

　　最早的人类大约从 250 万年前开始演化，在大约 200 万年前出现了生活在欧亚大陆的"尼安特人"、东亚的"直立人"、适宜热带环境的印度尼西亚的"梭罗人"等各种在不同环境下生存的远古人类。从 200 万年前到 1 万年前，存在着多种不同人种。最重要的一点是人类的大脑明显强于其他的物种，这应该也是人类能够在地球上生存的原因吧！

　　第一天打卡《科学简史——从亚里士多德到费曼》，如今我们对哥白尼的印象大多来自一张他手持铃兰的肖像画，这张肖像看起来和天文学似乎没有什么关系，但是告诉了我们，哥白尼是从一个与我们完全不同的角度来评价自己一生的。我以前一直以为哥白尼只是一个天文学家，看完这篇文章后才知道这个人引领了一场革命。

　　"哥白尼革命"将人类从静止的宇宙中心拉到运动的边缘。当时他提出的"日心说"否定了教会的权威，改变了人类对自然的看法，罗马教会认为他提出的学说违反《圣经》，他迫于教会的压力不敢将自己对于天体的研究论文发表，以致等到古稀之年才将他的伟大著作《天体运行论》出版。也是挺可惜的，哥白尼太过于小心谨慎了，书中本来应该有七卷内容的，可那计划中的第七卷只能永远地印在哥白尼脑海中了。

《中国简史》第二章：从公元前 770 年的春秋战国时期开始。在这个时期，周天子地位沦落，诸侯不断挑战周天子的权威。

春秋五霸——"齐桓公、晋文公、楚庄王、吴王阖闾、越王勾践"是取代周天子发号施令的君主。也正是齐桓公不计前嫌地认命管仲为相才造就了当时国富民强的齐国。随后晋文公接替了齐桓公的地位，他善于用人，重用赵衰与狐偃，在他们的帮助下改革经济，为称霸打下了坚实的基础。

公元前 597 年，楚围攻郑，次年，晋楚大战于河南，这两次战争后，楚庄王成为中原的霸主。越王勾践卧薪尝胆的故事已经家喻户晓了，这个人的隐忍程度实在太强了，也正是他的隐忍与想要复国的决心带他打败了吴王夫差。

春秋战国时期有很多战争，它们不可避免地带来了暴行和灾难，越王勾践就是一个非常典型的例子。一个人，要想在乱世中存活，必须努力让自己变得强大。

《中国简史》第三章：秦汉。秦王嬴政横扫六国，终于结束了"天下共主"的局面，第一次统一了全国。秦王虽残暴，但制定了开创历史先河的一系列措施，奠定了大一统文化的基本格局，这些措施的确对中国历史发展产生了很大影响。但是秦朝的辉煌只持续了很短的时期，我觉得倘若胡亥没有逼兄自杀篡位的话，秦朝一定不会在二世就灭亡的，公子扶苏显然会是一个开明的君主。胡亥也只是赵高的一枚棋子，胡亥登基后一直是赵高掌握着大权，陈胜吴广起义后胡亥和赵高之间产生了矛盾，为了保住权位，赵高令人逼杀了胡亥，随后另立子婴为秦王。

子婴即位仅 46 天，刘邦便进军灞上，一个泱泱大国就这样湮灭在历史长河中了。

从《知行合一王阳明》读心学思想

　　《知行合一王阳明》中讲到明朝太监刘瑾干预政事，朝中官员噤若寒蝉。王阳明执意上奏劝谏皇帝朱厚照，却被"廷杖四十，驱之别院"。1507 年春天，王阳明被贬到贵州龙场驿站担任站长。龙场驿站地处荒僻，虫蛇甚多，瘴气流行，生存环境极其恶劣，以至于对事情一向保持良好心态的王阳明，刚到龙场驿站，他的心瞬间就冷了下来。在来之前，王阳明就曾在南京写过一首诗，以表明自己虽然被贬但依旧乐观的心态。但此时的他，想朗诵这首诗却怎么也想不起第一个字来。龙场驿站的生活虽然艰苦，但同时也给了他悟道的机缘。所以说，塞翁失马，焉知非福。

　　1510 年农历三月，王阳明三年的贬谪期限结束，开创心学的他，声望已今非昔比，被任命为江西吉安府庐陵县县令。然而当庐陵县的官不容易，因为当时的江西有许多"刁民"，尤其以吉安府庐陵县为最，前任县令在任三年，临走之时身心俱疲。

　　他说，如果世界上真有地狱，如果非要让我在地狱和庐陵选一个，那我选前者。王阳明刚到庐陵便一针见血地指出，自古以来民间就有"民不与官斗"的生存智慧。如果民总是和官过不去，那只能说明一点，他们的权益受到了侵犯。原来，三年前朝廷派了一名宫廷税务特派员，从此，庐陵县的赋税翻了三番，增加了许多本不存在的税收。王阳明知道了症结，便开始着手写信给那位官员，信中详细地分析了庐陵的局势，巧妙地警醒他：若是长此以往，他将乌纱帽不保！在减轻了庐陵的赋税之后，王阳明又解决了瘟疫及木筑房屋易于失火的问题，深得百姓认可。

王阳明认为，政治力是一个人处理各种关系的能力，其中主要的是人际关系。他在庐陵处理好和上级的关系，保住自己的乌纱帽；处理好和下级的关系，通过他们实现自己的意志；更关心和百姓的关系，因为百姓是他的衣食父母。

1517年正月，王阳明到江西赣州剿匪。南赣地区山麓千里，崇山峻岭，洞穴密布，只有飞鸟能和外界沟通。地理条件易守难攻，所以四省虽然组织过多次围剿，但都收效甚微。

从南昌出发去赣州路过万安时，王阳明从商人们的聊天中了解到江上有一伙水盗，当时他去上任，身边没有卫队，他便让商人们把各自的船插上官旗，敲锣打鼓，一字排开向前进发，使得水盗们以为是官船过道，顺利过江。到达目的地的王阳明没有休息，他在赣州地方武装中挑选了两千名士兵急行军先奔福建汀州，他随后即到。他的第一个目标是福建漳州大帽山的土匪头目詹师富。采取行动之前，王阳明谨慎地"知己"。当地官兵在与土匪的战斗中，败多胜少，产生了畏敌心理。王阳明便从四省军队中拣选骁勇绝群、胆气过人的士兵组成一支军队，日夜操练。之后又开始设计将官府中的内奸拔除，颁布"十家牌法"解决民匪一家的问题。

一系列的法令、举措，使得剿匪成效显著。王阳明的剿匪措施中，有着许多心学思想的体现，例如"十牌家法"就是一种激发人内心良知的灵丹妙药，"十牌家法"将十家人联系在一起，出事要一起受罚，人们会担心被他人连累，更会担忧自己连累其他九家。王阳明正是借着引导大家心中的人性，取得了剿匪大捷。当你发现无法改变某件事时，可以尝试进行引导。

知行关系是《传习录》的一个重要主题，这既有程朱理学的影响，也是阳明心学的必然展开。程颐曾提出："君子之学，必先明诸心，知所养，然后力行以求至，所谓自明而诚也。"而在朱熹看来，知先行后，行重知轻："知之愈明，则行之愈笃；行之愈笃，则知之益明。"虽然程朱也认可知行交养互发，但终究以知为先，将知行分作两节工夫。

王阳明对此持极力反对的态度。从"心即理"的内在逻辑展开而言，既然外物之理均在内心，那么行的准则与道理也并不在心外，只要知得真切，行也潜在地蕴含于其中。因此，王阳明认为知行关系是两者的辩证统一，"知是行的主意，行是知的工夫；知是行之始，行是知之成"。人的任何实践活动都必然以人的认识作为指导，而人的任何认识都必然依赖于将认识付诸实践后才能得到验证。因此，"真知即所以为行，不行不足谓之知"，将一切的认知活动与实践结合起来，正是教人勿要枯守义理，而要于洒扫应对，乃至修齐治平的具体实践中发现真知。

从前的王阳明想成为一个圣人，如今的他希望所有人都变成圣人，心学（心即理）已使他脱胎换骨！每个人心中都有自己的理，遵循自己的内心即可。

第三篇

杂　记

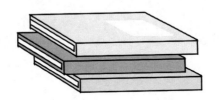

透过《酒经》学酒礼

　　酒，作为一种质地特异的"饮料"，从一入世便融入了人类生活的各个方面。可以说，酒礼和酒几乎同步诞生。周人来商，为了维护、巩固已得政权，周公便以大力气制礼作乐。于是，周初的政治文化，就以礼为渊海，集千古之大成，开后来之政教。至今可读到的，相传为周公旧制的《周礼》《仪礼》《礼记》等典册中，诸如酒正、酒人、浆人、士昏礼等。为什么周人对酒礼如此敬严礼重呢？因为在我国，古代圣贤们都把提高人们道德心态作为"正身、齐家、治国、平天下"，使社会长治久安的基本措施，所以大力推行礼乐教化。

　　荀子说："礼乐则修，分义则明，举措则时，爱利则形。如是，百姓贵之如帝，高之如天，亲之如父母，畏之如神明。故赏不用而民劝，罚不用而威行。夫是之谓道德之威。"(《荀子·强国》) 于是一日不可无的饮食活动，便成为引导人们学礼、习礼、施礼，进而达到正身心、淳教化的不式法则。这一将酒"礼化"的目的在《礼记·乡饮酒义》中有明确的说明：

　　　　乡饮酒之义：主人拜迎宾于庠门之外，入，三揖而后至阶，三让而后升，所以致尊让也。盥洗扬觯，所以致洁也。拜至、拜洗、拜受、拜送、拜既，所以致敬也。尊让洁敬也者，君子于之所相接也。君子尊让则不争，洁敬则不慢，不慢不争，则远于斗辩矣。祭荐，敬礼也，啐肺，尝礼也，啐酒，成礼也。于席末，言是席之正，非专为饮食也，为行礼也，此所以贵礼而贱财也。

从《羊皮卷活学活用》
学为人处世的道理

　　《羊皮卷活学活用》这本书的书皮上写道："遵循羊皮卷原则行事的人，不可能遭遇失败，然而无视这些原则的人，也不可能成就大事。"这句话，给人一种很深邃的感觉。当我初读它的时候，感觉这些精简的话语中充满着沉沉的果实，不能因为它的话语过于简单，我就简单地略过了，就像你读完一本书，你的感悟不太多的时候，我觉得就是没有把作者和你的生活实际联系起来，作者的生活和你的生活联系起来的话，基本上感悟就很多了。

　　在这里穿插一个羊皮卷的故事。《羊皮卷》是写一个名叫海菲的小男孩，这个男孩生活在沙漠里，每天赶着骆驼。他是一个聪明又能干的小男孩，基本上那些客商都很喜欢他。他是皮货商人柏萨罗的仆人，主人很喜欢他，在主人临死之前将他一生的经商秘诀，传授给了这个叫海菲的小男孩，大家都能猜到结局。我们今天所能看到的羊皮卷是这个小男孩手中的十张，在本书中作者也把它分为十部分，教我们如何去活学活用这些羊皮卷。我感觉本文的作者是一个实干家，我们中国有句古话说得好，"纸上得来终觉浅，绝知此事要躬行"。就是经过实践之后，你才能够体会得更加深刻。

　　在我们学习《羊皮卷》之前，作者就帮我们养成了一个好习惯，他并没有强调成功有什么秘诀，他只是说我们想增加自己的财富，必须要做的一件事情就是要遵循这些原则，用原则去指导你的行动。我们都知道经验随着时代的发展，有些可能不适用了，但是一些原则性的东西，却还是一直在遵循着。

在本书第一篇当中，作者介绍的是我们需要从现在开始改变自己，我们要从那个失败的茧中出来，我们需要自己慢慢地养成一个好习惯。但是作者知道养成好习惯并非一件容易的事情，他建议我们用三十天的时间去学习《羊皮卷》的第一卷，之后再学习第二卷，依此类推。我算了一下，把《羊皮卷》学完差不多将近一年的时间，为此我也很困惑，不知道为什么要用如此长久的时间去学习《羊皮卷》。

我们平常学习一门课程一般都是几个月的时间基本上就可以完成了，在这里我觉得可能作者另有深意吧！作者学习《羊皮卷》的方式是每天读，就是每天都坚持去做这个事情。我们都有一个习惯，那就是对陌生的事情很好奇，但是当这件事情重复进行的时候，你可能会感觉到枯燥乏味。事实就是这样，但是每天去做同一件事情，虽然感觉很难坚持下来，但坚持下来就会慢慢地磨炼你做事的毅力，一件事如果不能坚持的话，基本上很难看到效果。

作者说完坚持之后，又解释了坚持之后变成习惯，我们做事的效率会变得越来越高，这样我们就会更加乐于去做这件简单的事情，因为我们的大脑总是对简单的事情乐于执行。确实很有道理，希望我们每个人都能坚持去做一件事，不久之后你会发现你成长了。

《羊皮卷活学活用》视失败为成功的转机中介绍的是一个简短的故事。

这个故事还是很朴素的，基本上我们的日常生活中还是可以看到的，这样的故事可能就发生在你我的身上。在讲述这个故事之前，我想用书中的一句话来改变你对失败的看法："所谓的失败不过是一种看法，这个看法就是别人或者你自己内心里你觉得你做的没有达到某个层次，所以你才会觉得这个自己很失败，在别人眼中你也是一个不成功的人。"作者对失败的定义是别人对你做某件事表达的观点或者看法。这个看法最终你自己接受了，并且认同了他的看法，然后你自己的内心很不舒服，这个就是所谓的失败。

在这里作者也强调了，只要你自己的内心不认为你自己是失败的，就说明你已经有了一个积极的心态，这样对你自己的发展起到非常重要的作用。就是当你自己做的某件事没有达到你给自己定的标准的时候，你首先要做的不是埋怨自己不够优秀，你要做的是承认自己所做的，然后想办法去做得更好。这个是你应该花费大量的时间去关注的，不是那么简单地就关注在失败上，这样子你眼里永远只有失败，然后就容易沉迷其中走不出来了。今天我要开始新的生活，我要走出失败的阴影，这样的话是作者自己对自己的鼓励。

作者讲了一个故事，这个故事来自一个美国的心理学家。有一次他碰到一个女孩，那个女孩很优秀，可是她只知道学习，用中国的说法，就是所谓的"书呆子"。根据这种情况，这个心理学家给小女孩的建议就是让她多去尝试一些新的事物，跟小女孩说只有那样自己才能得到更快地发展。小女孩根据心理学家的建议去做之后，小女孩的成绩下降了，她妈妈认为不对，但是心理学家坚持认为成绩下降是因为小女孩花费时间在别的事情上了。虽然成绩下降了，但是这个小女孩却获得了更多的成长。如果我们事事都要做好，事事都那么完美，这样会使你陷入瘫痪的状态，这样是不利于自己的发展的。成功仅仅要做的就是坚定我们的信念，然后去做。

《记忆宫殿：一本书快速提升记忆力》， 教会我如何快速记忆

之所以会看这本书，是因为在一部名为《读心神探》的电视剧中了解到有一种"记忆之宫"的记忆方法，出于好奇，便在网上搜索了解了一下，觉得还不错，便打算看看。近几年涌现的记忆宫殿培训都是以利玛窦的这部著为基石发展而来。书中举了不少记忆的小例子，其中让我觉得好像确实有点儿效果的例子，如对以下句子进行记忆：高效人士的7个习惯——①积极主动；②以终为始；③要事第一；④双赢思维；⑤知彼知己；⑥协作增效；⑦不断更新。

书中通过使用数字编码与联想相结合的方法进行速记。而我也跟着书中的提示进行了一次尝试。我惊讶地发现，只将联想记忆过了一遍就已经能把它们记了下来，并且3天之后靠着联想依然能回忆起来。当时的我并没有刻意地去记忆，但隔了几天依旧能记起来，让我觉得这种方法确实有它的优越性。而这本书写得也确实不错，值得一看。

读《牛奶可乐经济学》，掌握成本效益原则

在引言中，作者引入了机会成本概念和成本效应原则。曼哈顿人工资水平高，所以他们的机会成本也高。相比之下，托皮卡人由于机会成本不高，会更加友善而谦恭。根据机会成本概念，纽约人急躁也是理所应当的。成本效益原则是权衡成本和收益得来的。

买闹钟和买电脑都可以省 10 美元，效益就是 10 美元，成本就是进城的代价，而不是根据我们要买的商品来计算。作者用生活中的例子为我们解释经济学上的这两个概念。

书中还探讨了学生应该与生活相联系，才能熟练掌握经济学的概念。我们又何尝不是呢？我们的学习也是要运用到生活之中的。

第一章产品设计中的经济学提到产品设计的细节还和几何学原理有关，但是万变不离其宗，其设计还是围绕成本效益原则进行的。牛奶之所以装在方盒子里，是因为根据成本效益原则，牛奶需要放在冰柜中存储，而冰柜的存储空间十分宝贵，因此，设计成方盒子的牛奶盒更加节省空间，从而提高收益。横竖错觉的误导使得卖家宁愿多花成本在包装上，也不愿失去竞争的机会。

最终为此买单的还是我们的消费者。消费，主要就是图个开心嘛。就如我们平时的消费，如果斤斤计较，企图用最划算的价钱去买，那么你只有买的时候是开心的。如果我们愿意买那个自己中意的，那么我们接下来的使用都是开心的。

《人民公敌》——正义与偏爱

　　小说开头是以一位不上进的警察内心独白来向我们阐述一成不变但又充满危险的警察生活。他是江东区著名的江警官，名叫江卓勇。

　　他在江东区有名的原因并不是因为他探案很厉害，而是因为他不是警校毕业的科班生。他是作为亚运会银牌得主，被聘入警队。身为警察的他邋遢、懒散、不修边幅，甚至偶尔还会欺负路边的小摊贩。他的头衔从江督察降到江警探，最后降成了江警官。小说中还有一个关键人物——商人曹桂焕。他总是人前一套人后一套，在外是一副彬彬有礼、一本正经的君子，实际上却是一个暴戾恣睢、阴狠毒辣的小人。对于他看不顺眼的人，转头就把人家收拾了。为了获取巨大的商业暴利，他竟然杀害了自己的父母。这样惨无人道的事情，却还不是终点。他为了阻挠察觉到异样的江警官继续调查，把一位与其不小心发生摩擦的老好人也残忍杀害。他弑父杀母，滥杀无辜，还当做没事人一样继续上班。好在江警官对于细节有着其他人没有的敏锐，找到了曹桂焕的漏洞，用头脑使他暴露，再用武力使他屈服。对于这个故事，除了血腥的场面，还有两点让我心里起了小小波澜。

　　第一，父母对于孩子真的是无条件包容。曹桂焕的母亲，即便知道是曹桂焕将要杀害自己，但她仍然愿意为了自己孩子的生活和前途，吞下了可能会让曹桂焕暴露的指甲盖。看到这个片段时，我的情绪有些复杂，一时说不清楚，五味杂陈。

第二，我很喜欢江警官的队长。他对自己的手下很信任，也会鞭策他们努力工作。当有外人对他手下指手画脚时，也很护短，挺喜欢这个人设的。

《民国三才女》——林徽因传

　　林徽因，真的是一个才女，她参加过中华人民共和国国徽的设计。她不仅是一位建筑师，还是一位才华横溢的小说家。我觉得这位女士很值得敬佩。她的文字风格也很有特色，像写诗一样。关键是她还很漂亮！这就是所谓的才貌双全吧。文章中提到很多人赞美她的才智与美貌，她的东方气质，还有她和梁思成的陪伴。很佩服他们既是情感上的伴侣，又是工作上的伙伴。他们相辅相成，共同为维护中国的古建筑而努力。

　　关于林徽因的童年，有人说是不幸的，但也有人说是幸运的。她两岁便跟祖父一起生活。她有一个优越的家庭条件，但是她的母亲出身不好，不识字，在这样大的家庭中是被歧视的，所以她生活在这样的家庭中有时候感到很为难。母亲没有生儿子，所以父亲娶妾，她和母亲在家中的地位很低。这个家庭中互争长短，微妙复杂的陈年旧剧在她的内心留下了很大的创伤。

　　关于林徽因的爱情故事。她十六岁出国留学，其间认识了徐志摩。其实徐志摩那时已经遵从父命跟别人结婚了。在英国期间，徐志摩的婚姻成了他的烦恼。林徽因，虽然喜欢徐志摩，但是她的内心告诉她，不允许她去破坏别人的婚姻，然后她离开了伦敦回国。林徽因这种对爱情的专一，但是保有自己做人做事底线的态度，值得我们称赞和思索。

《爷爷是个老头》
——而我只是喊他"爷爷"

    这是王海桑的一首诗。我在高中的时候曾经读过这首诗，当时颇受感动。这首诗以平淡朴实的语言，写出了普遍的祖孙之情。每一句都说进了我的心坎，但是我感触最深的一句话是："他的一生我知道的很少，他说过一些，我记不大起来，就像他爱我很多……我只喊他一声爷爷。"这让我想起了我的爷爷，也是一个很慈祥的人，性子慢悠悠的，从不与人发生争执，喜欢养猫和狗，喜欢看新闻，每天晚上早早地就睡了，第二天也是早早地就起来。中午的时间会睡一个很长的午觉，生活悠闲自在。听爸爸说，爷爷以前是徒步从海南来到这里的。我很想了解爷爷的故事，可是却始终对爷爷有种隔阂感。有时，看着爷爷独自一人坐在老家的龙眼树底下，我知道那是一个很好的聊天机会，而我却没有去。我希望大家可以多去了解自己家里的老人，有时候，他们真的很想说些什么，就只不过缺了听众。

第四篇

哲理读物

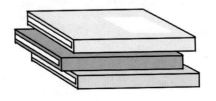

在《人性的弱点》中学为人处世的法则

作者在第一章中，提到了三个重要的原则。原则一，不要批评，不要指责，不要抱怨。原则二，真心实意地感谢他人，赞美他人。原则三，激发他人的需求。

作者重点提到的三个原则，引发了我深深的思考。我觉得，读书不仅要有感悟，最重要的是感悟后，它带给我们什么改变。感悟之后，就是我们要有所改变。作者针对这三个重要的原则引发了思考，进而提出了更多的原则，例如，我们要说服别人的首要途径是引发对方的强烈欲求，能者纵横四海，庸者踽踽独行。这点让我印象深刻，作者也用了很多例子来说明。

例如，作者讲一个小女孩不爱吃早餐，但爱模仿她母亲的动作，所以利用这点，她的父亲成功地让他的女儿自觉吃早餐。所以我觉得，我们要通过站在要说服人的立场上，引导他们，不知不觉达到我们所需要的目的。这是作者给予我的启示之一，让我能怀着好奇的心态和与实际结合的想法去读好这本书。

这里还有一条法则，就是建立对他人的兴趣，真心地对待他人的关注，这点可能在我们的人际交往中，或者在商业活动中，会起到很重要的作用。作者用了一个很典型的例子来说明这个法则，就是一个商人想让别人买他的汽油，但他苦苦说了很多年，都没有让对方成功和自己签约，但最后他通过一场商业辩论赛，成功吸引了对方的注意力，并最终签署了合同！我们不单单只是看到自己的利益而已，我们要从对方的角度去考虑他们的利益，这样才能打动别人。除此之外，作者还提出了如何建立一个好的形象的几点要求。第一点是微笑面对他人，因为微笑总是充满着一种独特的魅力，给人一种无法抗拒的神奇力量。第二，作者在书中还教了一个小技巧，是关于人际交往关系的小方法，就是别人生病的时候，记得要问候和关心别人，即使是最简单的一句话，也是给人印象深刻的；拿一个小本子，要熟记别人的生日，这个可真是一个好办法。在别人生气的时候，送别人一张贺卡，或一份小礼物，也是一份惊喜！希望作者的这些小建议和方法能给我们的生活带来很大的帮助。

第二章，是两个如何建立好形象的法则。

第一个法则是，认真地聆听别人。"认真地聆听"，这听来像是很简单的道理，却有很多的内涵，正如作者说，你生病了，你需要的是一位真心倾听你的医生，这可能就是从某种心理上来说，抓住别人想被重视的感觉。

第二个法则，谈论对方感兴趣的事情，这也是一个不错的法则。作者在书中举了很多例子来说明这个法则的重要性，特别是在商业的交往中，作用最多。他的关键词是如何引起对方的兴趣，这是一个值得我们去学习和注意的小细节。在这一节中，作者同样举了许多例子来说明，关注点很重要。作者觉得我们要学会去找出对方的关注点，借此激发对方的热情，接着我们就可以一起讨论对方感兴趣的事情，然后我们就可以抓住机会达成自己的目的。

当你犯错误的时候，你会主动承认吗？还是面对他人的指责，你会产生一种心理抗拒呢？很难说哦！

作者带领我走进一个敢于面对自己错误的时代，我们要坦然面对自己的错误，这样才是最好的解决办法，逃避自己犯的错误，只会越陷越深。

如果你是错的，倘若你对自己诚实，这种情况往往比你想象的要多。

如果你果断诚恳地承认自己的错误，就会产生惊人的效果。

卡莱尔说："伟人的伟大之处，从他对待小人的态度中可见一斑。"那么，你我又有什么资格武断地评判别人呢？就让我们以理解代替指责，设身处地地去想一想对方缘何如此。"了解一切，就能宽恕一切。"

第三个法则，激发他人的需求。此原则通俗来讲就是"因鱼下饵"。大家普遍都明白一个道理，就是钓鱼的时候要用鱼喜欢吃的东西做诱饵。那么现在把对象从鱼变到人，能做到的却不多。人往往以自身的利益为目标，做事总是强调我想要什么，我需要怎样，然而其他人对你的欲求毫无兴趣，他们和你一样，只在意自己想要什么。所以说服别人的首要途径，是引发对方的强烈欲求。

找出他们想要的，并且教给他们如何获得。文章中提到许多例子，比如给一家银行写求职信，你要写些什么？注意一点，你的家庭状况不要提，而是强调如何让银行有收益，专注于银行的需求而非自身的需求。

人们真正需要的，是解决问题的方式。如果销售人员能够证明其服务或产品可以帮助人们解决问题，不用推销，人们就会主动掏钱。对消费者而言，"主动买"比"被推销"的感觉好得多。

赢得他人喜爱的几个方式。其一，建立与他人的兴趣，真心诚意地关注他人。发自内心地关注他人，你就能交到很多朋友；只想博得他人的关注，哪怕几年，你也交不到朋友。

而作者也坚持着一个习惯，悄悄记下朋友的生日，汇总到通信录里，在生日当天，对方一定会收到他的生日祝福。他们收到祝福时是多么惊喜呀，也有可能你是唯一记得他生日的人呢。还有好多例子，因为关心他人为公司赢得客户也是常有的事。所以，想要得到友谊，就别怕麻烦，全心全意地为他人做些事情吧，哪怕要为此付出时间、精力、慷慨与体贴。

更要记得，真诚是为人处世的基础，双方的兴趣皆以"真"为前提，无论表达关切的一方，还是被关注的一方，只有你情我愿，才能互惠互利。所以，请记住这个原则吧，建立对他人的兴趣，真心诚意地关注他人。

其二，微笑。米歇尔大学的心理学家詹姆斯·麦康奈尔博士是这样诠释笑容的："面带微笑的人在管理、教学和营销上能做出更大成绩，子女也更有幸福感。微笑比蹙眉传递的信息要丰富得多，因而在教学中，鼓励比惩罚有效。"发自内心的笑容能够暖人心房，带来积极影响。

在压抑的候诊室里小孩子天真无邪地对你一笑，顿时心情就变明亮了，于是候诊室的低气压烟消云散，变成愉快的聊天。每天早上微笑地向别人打招呼，自然而然的氛围、气氛就变得很愉悦，结交的朋友也会越来越多。

学校里，我最喜欢去的就是超市，每次去都很开心，虽然说这个超市给人的感觉有点儿挤、有点儿乱。我喜欢去这家超市的原因就在于这家店的老板，每次都笑嘻嘻的，跟你打招呼，笑容真诚到让你感到愉悦，不忙的时候还会跟你聊会天，你走了他总是笑着跟你打招呼送别。相比于那些板着脸好像消费者欠他几百万元的商家，这个店的生意肯定比较好。

这篇文章里，作者主要表达赞扬的力量，也同时表达了之前作者所说的，人都有一种被感受到重视的感觉，所以赞扬的力量是无穷的，对于一个公司来说，赞扬更是一个提高效率的方法。

我们要学会赞扬，这一观点作者在书中也多次提到，赞扬是一种力量。同时，作者也提到了一个很有意思的现象，我们总是会第一时间只为自己考虑，却习惯性地忽略了别人，所以我们要学会换位思考。

感觉读书就像吃饭一样，要慢慢地嚼碎，贪不得快，也急不得。我从这本书中得知了一个很有趣的现象，就是，去钓鱼的时候，我们带的鱼饵，是香料，是蚯蚓，为什么鱼饵是这样的呢？为什么鱼饵不能是猪肉、奶油、蛋糕呢？其实原因很简单，就是因为我们人爱吃的东西，鱼不吃。所以从这个例子中，我们可以发现，钓鱼其实跟我们为人差不多，都有着相同的道理。钓鱼，我们带鱼饵是因为我们考虑鱼喜欢吃，所以我们才满足鱼的需求，而面对人际交往不也是一样吗？我们要满足对方的需要与心理需求。

　　诚如作者所说，我们百分之九十的人都懂这个道理，但我们真正在做的时候，往往总会下意识地以我们固定的思维去想，没有站在别人的立场去思考问题，想他们真正想要什么。从这个例子中，我领悟到，学会换位思考，这一点很重要。

从《科学简史——从亚里士多德到费曼》，看科学家的故事

这是一个关于伽利略的故事。

伽利略是一个聪明的人，为了避免遭受严刑拷问而被迫屈服于罗马教廷。他一方面承认支持哥白尼学说是一种"错误"，另一方面承认他在发表著作时并没有能力证明太阳的中心地位和日心体系中的天体排列秩序。

在此之前我也只是知道伽利略那个在著名的比萨斜塔上做的实验并反驳了亚里士多德观点的故事，殊不知伽利略享有盛名的另一个重大原因就是他用意大利文写作，借由母语写作可以让那些不懂拉丁文的民众接触到他的想法。

可是一个伟大的科学家在晚年时竟然遭受了那么多的苦，早期的社会真的很抵制科学，教会反对神学之外的各种理论，确实阻碍了社会的进步。

另一个故事是关于欧洲四杰之一的笛卡儿。小时候的笛卡儿很傲慢，像我们大多数人一样，童年时的笛卡儿是不想服从自己老师的，也不喜欢学习枯燥的书本知识。但是他喜欢花费时间在旅行上，喜欢与各种各样的人交往，这样也能积累很多经验。与所有伟大的人物一样，小时候的笛卡儿就展示出了非凡的才能。

十多岁的他都能够带着一些"仆人"来巴黎，为的就是要尽可能地参与所有活动。为了一个小小的学术问题，他能够将自己一整天关在房间里思考，这样的一个人的成功绝对不是偶然。

下面介绍的人物是拉瓦锡，历史背景为法国大革命成功后，革命领导者便开始有计划、有系统地对一些旧政府的代理人展开清算报复，拉瓦锡因其收税工作亦被视为旧势力的代表，因此被捕入狱。当拉瓦锡被送上断头台的那一刻，来自法国的数学家拉格朗日说出了一句让人震惊的话："砍下他的脑袋只需要一秒钟，但是要再长出这样的头脑也许还要几百年。"

而再出现这样的头脑却比拉格朗日担心的还要久太多。拉瓦锡孜孜不倦地将自己的全身心投入化学研究中，后来却被小人陷害入狱，这个发表《化学基础论》引领化学研究向前一大步的人在 50 岁就去世了，真的可惜。

最后是关于法拉第的故事及成就。

法拉第并不知道自己做的各种实验对后世产生了多么大的影响，他更是拒绝所有的外加荣耀，就凭他谦虚的态度也应该向他学习。他也并不是顺利地完成自己的研究的。1831 年，法拉第找到电磁感应的线索后放弃了被迫从事的帮他渡过财务难关的工作，因此他写了一封恳请拨给他少许研究资金的申请函给当时的英国首相，首相只是拒绝还好，他竟然还表示法拉第是"恶劣的欺骗"。

但是法拉第并没有因来自政治领域的反应而气馁，他不仅要继续进行自己的研究，更要一再地演讲推广其研究成果，努力改变当时人的思想，当自己在科学上做出成果后又拒绝一切公开的荣耀，坚持做一个单纯的迈克尔·法拉第。

其实，法拉第是从化学开始他独立的科学研究的。有一次做蒸馏油的实验时他发现了苯这种化合物，后来又在低温状态下使氯气液化，这项成果让他给同时代的人留下了深刻印象，因为当时很多人都持有的一个旧观念就是认为气体是可以长久存在的状态。这项成就对于法拉第而言，形成了他的一个观点：无论是物质或是能量，都能相互转换。

《别把世界让给你鄙视的人》
——对自己好一点

看到新的一章，聊的是爱情。不禁让我想到了《武林外传》里有一集，佟湘玉问郭芙蓉，你以后是想找一个你喜欢的人还是一个喜欢你的人。

其实我当时看的时候，觉得要是有人喜欢我，那我肯定会去选择他。但是如今慢慢成长，已经到了大学的结束，人生观渐渐成熟，自己将来一定是要找一个自己喜欢的人。如果以后想要两个人在一起好好生活，其实你会发现，生活中并不缺少照顾你的人，也不缺少你关照的人。

所以一个人也能好好生活，但是在一起恋爱，在一起成家，却不仅如此而已，更重要的是不将就。对待生活也是一样，不将就才会遇见更好的，前提是你自己也足够的好。

现在人的爱情太贵，也太便宜。到了一定年龄，如果对方条件较好，也就将就了自己的一生，也不知最后是给了谁一个交代？

如何去爱自己。这个话题作者一味地强调如何去关心自己，爱护自己，我觉得其出发点是没错的。读者也许已经看淡了这个世界的许多来来往往，走走停停，人生就是那么数十载，我们必须要接受有人离开，也要欢迎有人到来。没有办法，从生到死，陪伴在我们身边的，最终只有自己。的确这个观点不可否认，对自己好一点是对的。有些人很可悲，把自己的一切都托付给别人，把爱情托付给别人，把前途托付给孩子，把工作托付给家庭，有人帮助你，但是却一辈子成不了你的依靠，你的臂膀。

最后的最后还是独自前行，一生孤独，唯有对自己好一点，才不负此生。我很认同作者的观点，我们就应该这样，但是也不能一味地靠自己，毕竟人生这条路太长、太远，力争一个人走得快乐，两个人走得安心。

《天才在左，疯子在右》
——天才与疯子也会有交集

　　第一次看到这本书，是在高中一个无人的角落，那里有很多书，唯独这一本书的书名最吸引人。后来买下读了一次，感觉看透了很多的事，同时也感觉自己的所观所感开始变得与众不同。一本书，它想传达的东西能够正确的被读者认知并接受，才是成功的吧。最难忘的是那个女老师，家庭幸福，可惜最后成了大家眼中的疯子，可是谁又知道，之前的她是正常的还是后来的她是正常的？真真假假，对对错错，本来就很难去界定。

　　我们也一样，一些不符合常人的思维或者行为总会被人当成怪物一样来看待，其实，谁都有不为人知的一面，与众不同的一面。所以，理解和宽容，很重要。

《毕淑敏散文集》
——倾听心灵的声音

　　《毕淑敏散文集》之《提醒幸福》。不知你是否发现，我们从小就习惯了在提醒中过日子。例如，天气刚有一丝风吹草动，妈妈就说，别忘了多穿衣服。对于你刚相识的一个朋友，爸爸就说，小心是个骗子。你取得了一点成功，还没乐出声来，所有关注你的人会一起说，别骄傲！你沉浸在欢快中的时候，自己不停地对自己说，千万不可太高兴，苦难也许马上就要降临……我们已经习惯于提醒，提醒的后缀词总是灾祸。灾祸似乎成了提醒的专利，把提醒充满了淡淡的贬义。很多人认为幸福是不需要提醒的，因为他们觉得幸福不提醒也跑不了，他们以为好的东西你自会珍惜，犯不上谆谆告诫。他们太崇尚血与火，觉得幸福无足挂齿。但是，他们错了，幸福也是需要提醒的。幸福和世界万物一样，有它的征兆。幸福又是朦胧的，很有节制地向我们喷洒甘霖。你不要总是期待轰轰烈烈的幸福，因为幸福多半只是悄悄地扑面而来。父亲一次粗糙的抚摸，患难中心心相印的一个眼神，妈妈一个温馨的字条……这些都是千金难买的幸福。我们常常提醒自己要注意幸福，就像在寒冷的日子里经常看看太阳，心就不知不觉暖洋洋的。

　　《毕淑敏散文集》之《关于生命与命运的遐想》。有这么一个故事：甲为乙办事，乙要付报酬给甲，价钱彼此谈得很清楚。甲为乙丙两个人办事，乙丙要付报酬给甲，也是很清楚的事。但每个人只需付二分之一，也很明白。甲若是为一百个人办事，无论每个人的收益如何，大家只觉得付给甲百分之一是正当的，否则就是甲多吃多占了。假如甲为一千个人、十万个人服务呢？假如他服务的人群数字再无限地增大下去呢？按照数学的规律，这个无穷大作为分母除以一的结果就是零。也就是说，这些人可以心安理得地接受甲的劳动成果，却不必为此支付报酬，甚至连感谢都不必说一声。这就是为什么传说中的英雄丹柯掏出自己的心，燃烧起来为众人引路，危险过去后，人们会把他跌落地上仍在发光的心踩灭。这不是众人的无情，是铁的规律。因此，对于别人的帮助哪怕只是一点点帮助，我们都要学会感恩，学会感谢。因为没有谁的帮助是理所当然的，你要知道，别人本可以不这样做。

《毕淑敏散文集》之《每只小狗都有一个目标》。美国前副总统阿尔·戈尔和他的妻子蒂帕为他们的孩子养了一只小狗。小狗抱回来以后，他们想请一位朋友帮忙训练这只小狗。他们抱着小狗来到朋友家，安然坐下，在第一次训练前，女驯师问："小狗的目标是什么？"夫妻俩面面相觑，很是意外，他们实在想不出狗还有什么另外的目标，嘟囔着说："一只小狗的目标？那当然就是当一只狗了。"女驯狗师极为严肃地摇了摇头说："每只小狗都得有一个目标。"夫妻俩商量之后，为小狗确立了一个目标——白天和孩子们一道玩，夜里要能看家。后来，小狗被成功地训练成了孩子的好朋友和家中财产的守护神。做一只狗要有目标，推而广之，做一个人也要有目标。在现实生活中，却有太多的人，没有目标。其实寻找目标并不是一件太难的事，关键是你要知道天下有这样一件如此伟大的事，然后就尽早去做。在确定目标的同时，我们千万不要把别人的期待当成自己的目标，也不要把世俗的流传当成自己的目标，要清楚地明白你自己的目标是什么。

《毕淑敏散文集》之《幸福盲》。若干年前，西方某都市报，面向社会征集"谁是世界上最幸福的人"这个题目的答案。来稿踊跃，各界人士纷纷应答。最后，在纷纭的答案中进行遴选和投票，得出了三个答案。因众口难调意见无法统一，还保留了一个备选答案。答案大致是这样的：一、给病人做完了一例成功手术，目送病人出院的医生。二、给孩子刚刚洗完澡，怀抱婴儿面带微笑的母亲。三、在海滩上筑起了一座沙堡的顽童，望着自己的劳动成果。备选答案是写完了小说最后一个字的作家。消息入眼，作者的第一个反应仿佛被人在眼皮上抹了辣椒油，呛而且痛，并且十分怀疑它的真实性。为什么呢？说来惭愧，因为答案中的四种情况，作者在某种程度上都一定程度地拥有了，但是她并不感到幸福，这是幸福盲的典型特征。原来，幸福盲如同色盲，把绚烂的世界还原成了模糊的黑白照片。所以拭亮你幸福的瞳孔吧，就会看到被潜藏、被遮掩、被蒙蔽、被混淆的幸福。

《梦的解析》
——以科学的方法解梦

　　序言的开头部分，作者写了很多关于他当时写这本书的过程，我可以把它概括为从开始粗糙的理论，到进一步完善，最后完成了影响一个世纪的著作。当时弗洛伊德写这本书的时间是 1899 年，但是他怪异的行为就是坚持要把这本书的初版时间写为 1900 年，当时初版的销量并不是太好，只有 600 本。也许当时的人们对于我们每个人都会做的梦并不是很感兴趣，也就是没有把梦纳入实践当中去研究，但是弗洛伊德却对此有兴趣，至于为什么会有兴趣，文中并没有写。虽然他描述了自己在学术方面有了很多的竞争对手，但是他觉得自己依然不害怕，敢于表达自己的观点。我觉得这个是作为一个学者的首要特质，在写这本书的时候，作者自己内心曾经处于一种矛盾当中，因为既然要写到梦，那么这个梦到底是谁的梦呢？作者曾经不想写他自己的梦，因为这毕竟涉及自己的隐私，但是他又不得不这么做。不过在文中，他提到，对于梦，他自己略有修改，或者省略，也就是说，这是一个美化版的梦。对于梦的理解，可能也是一种从实际到抽象的理论升华。这本书三次再版之间竟然长达十年的时间，十年时间里作者并没有受到他的理论局限，而是在不断地修改自己当初的一些不好的观点，或者说，使其达到更加深层次的精细化，也就是不断地收集数据使得它更加的有说服力。所以作者的理论是经得起时间检验的，时间检验的东西是很具有说服力的。

　　所谓的梦不过是一种心理上的跟实际有联系的生理现象，但是这种联系人们在古时候往往把它当作一种预兆。古代的时候，梦学家针对梦的研究提出了很多观点，不同的派别有不同的观点，所以这里弗洛伊德并没有给我们解释那些梦学家的观点，他是推荐我们去看一些经典的著作。我们有时候做的梦感觉到很离奇，这个离奇从本质上来说是因为我们对它的不理解，我们感觉它很怪异，有时候居然能够预测到未来。后来亚里士多德对于梦的阐释有了新的超越，亚里士多德知道人们在睡梦中的时候只要外界有轻微的刺激，那么梦里面就会表现得非常强烈，所以医生根据这个来判断病人的生病情况。梦有的时候是对未来的一种预兆，就是当天做过的梦然后没过几天实现了，我们常常称这种为自我预言，但是现实中真的有那么准吗？还有一些象征梦，就是通过一些事物进行类比，这个事物的概念就比较广泛了，它可以是动物，也可以是植物或者单纯的一些事情，跟自己有关的一些情况等。这是一种解读的梦，不同的学派会有不同的解读方式，所以从本质上来说，梦学家对梦的解释没有更深层次的挖掘，只是还停留在对一些基本概念的把握上。

　　梦的来源是什么呢？我们时常会感到自己会梦到莫名其妙的事情，我们会觉得很奇怪，但是我们运气好的话最终可能会知道我们梦的来源，那我们会有一种恍然大悟的感觉。弗洛伊德说对于我们自己做的梦如果我们自己觉得只要和现实简单的相联系的话就行了，那么这个可能的联系有可能是错的。因为现实中很多情况需要自己去深入探索，探索以后才可能知道自己梦的来源。有的时候我们自己在梦中做的事情醒来时忘记了，但是现实情况我们确实是记得的，因为梦中的一切说明了某个东西在我们的内心留下了深刻的烙印，只是我们有时候忽略了它而已。

　　我们梦的来源到底是怎么样的呢？梦的来源是多种因素刺激的结果，那么这些因素有哪些呢？首先是外界的刺激，这个我们称为客观因素。客观刺激的因素就是外界作用，有的刺激会让我们感觉到是在做噩梦，这里说一个我们常见的现象。在夏天的时候，我们晚上睡觉可能会有蚊虫叮咬，我们会听到蚊虫的声音，然后我们可能会醒来也可能不会醒，如果是半睡半醒的状态，我们会感觉很烦躁；有时候被蚊虫叮咬的时候我们也会醒，这时候可能有的人醒来会迷迷糊糊或者可能会很生气等；还有就是我们在睡觉的时候如果没有把被子盖好，我们会感觉到很冷，然后我们可能会醒，这些现象是屡见不鲜的。还有可能来自内在的刺激，内在的刺激是内生的，这种刺激随时切换，也就是跳跃性非常大。我们可能会感觉非常迷幻，一些没有关系的事情会出现在我们的眼前；我们有时候还可能会在梦中说话，或者是做别的事情，这些说明了梦的来源的是多种因素作用的结果，而不是单一因素的作用。

我们的梦为什么会常常出现遗忘的情况？或许即使你的梦足够清晰你也依然会忘记，因为这是很多人都会遇到的事情。我们一天的感知会遇到很多的信息，所以我们对于一次性的信息都选择遗忘而没有把它记下来。所以这个好处就是我们很多时候没有记住，很多时候会让我们少了很多的烦恼。这样我们对很多事情就不会因为长期记住而给自己带来痛苦。过多的信息会让我们的大脑疲于应付，我们大脑一次性处理信息是有限度的，所以在它的限度内合理运行才可以。我们做的梦大多数都是没有联系的、跳跃性的，对于没有逻辑性或者规律性的东西，我们也会遗忘，而且我们会遗忘得很快。对于醒来的时候，我们的梦即使很清晰，过一段时间也会遗忘，我们总是觉得自己做的梦在自己开始回忆起来的时候有了遗漏，事实上确实不容易记忆。我们做的梦即使有这么多的遗忘，但是我们依然能够记住一些，只是随着时间的流逝会不断地遗忘而已，这符合遗忘的规律，自己能够零星想起来已经很不错了。我们会遗忘是因为我们在睡眠时的感觉与醒来时是不同的，还有就是醒来的时候我们记忆的材料也是不同的，这导致我们改变了原来的排列顺序，所以会更快出现遗忘。

梦的心理学特征究竟是怎么样的？关于这一点，之前有很多的学者研究过，但是都没有给出统一的定论，因为梦这种东西本来就是很难通过做实验论证的，只能通过理论和现实的验证来相辅相成。一些人认为梦的心理学特征是我们在睡眠的时候和我们在清醒的时候是同一个脑区，可是为什么会有这样一种感觉，那就是我们在梦中所经历的场景是如此真实，以至于自己都不能够辨别出来，除非我们在自己醒着的时候能够明白自己是在做梦。

关于梦的学派理论，作者给我们介绍了三种。所谓学派理论就是能够解释很多梦的现象，这样也就形成一种理论。第一种学派理论认为梦是精神活动的持续性活动，作者对这个理论基本上是不赞同的。我们可以推导出来梦既然是精神活动的持续，那么梦是否具有这样的价值意义呢？因为精神活动在我们醒着的时候是存在的，在我们睡眠的时候也是持续的，也就是说做梦没有必要。第二种学派理论认为梦是我们精神的弱化，而且梦通常是不连续的。对于这样一种解释也有很多人赞同，但是作者认为它规避了一个最本质的问题，就是我们对于梦的诸多解释是什么，它只是有了个初步的定义，并没有对于我们所做的具体的梦进行阐释，没有给出清楚的界定。在此理论下有个生理梦，我们之所以做了很多梦是因为我们在外界的刺激下所产生的一种印象，也说的是一种反应，所以对于更多的梦来说，其本质是刺激性的作用。还有一种解释认为在多数情况下，梦是对于印象深刻的内容一个反映，也就是我们很多时候梦到的都是白天我们意识清醒的情况下的我们记忆很深的东西，以及一些没有解答的疑问，然而也有人反对这个观点。最后一种观点认为梦是一个独立的精神活动，它不受意识的控制，白天我们无法出现或者只能够部分出现，夜晚它是不被个人意志指导，是自己心智完全掌控的一个自己的狂欢。从这里我们可以看到不同学派有不同的观点，当然每个学派理论也不尽完全正确，都有它自己的局限性，因为从系统的观点来说，一个事物总是与其他事物有联系的，所以梦是很多方面作用的结果，而不是简单的单一作用的结果。

梦的心理学特征跟疾病有什么关系？到底有没有必然的联系，以及梦跟疾病开始时的关系和梦跟疾病恢复时的关系等。梦的作用是很大的，一些有疾病的人做的梦是错乱的，没有规律，而且会有很多荒诞的联系，常常会出现噩梦的情况。有的人是慢性病，所以他的梦会重复出现某个场景，这些情况也是常见于医学上。当一些病人在病情好转时，他做的梦又是不同的梦，大多数情况下，病人在白天的情况要好于夜晚，病人会在好转的时候做很多好梦，睡得也比较安稳。

我们所说的梦是我们每个人每天都可能经历的，在经历了以后我们又忘记了，那么梦到底有什么用呢？或者说梦是人的精神或者意识的延伸吗？我们在做梦的时候大脑都是活跃的状态吗？基于这样的问题，作者告诉我们，我们所做的梦其实是关于自己欲望的满足，那么为什么会表现如此怪异，而且还跟我们的很多生活在大脑经历过的相关呢？其实对于这些问题，从本质上来说，我们对于梦的认识是不够的，所以觉得梦是没有章法的、混乱的，因为与我们每天所接触的事情相比，它又是很虚无的，所以从内心里来说它对我们的影响不大，导致人们对于它的研究很少。因为我们所受到的外界的压力远比来自内在的要大得多，每天可能要面临生活的压力、面对别人的压力等。梦，它有一个好处，在我们想要解压的时候，它可能会起到好的作用。有句古话叫作"日有所思夜有所梦"，这句话就是一个经验的总结。对于经验性的东西，我们要常常考虑它在什么情况下是成立的，所以对于不能成立的问题，很难说明它的正确性。以前说梦的主要来源是受到了外界刺激，比如你内心特别想要某个东西的时候，那么做梦就可能会梦到，梦到的时候说明它在你的心里占据了主导作用；如你只是刚刚想了一下，那么它不一定会梦到，也就是通过强烈意识的作用，能够在一定程度上有控制作用，它也正是我们每天所想的一个反映。对于我们很久以前的事情，我们也会记片段，大部分内容我们会忘记，就是我们在记忆某个东西的时候提取的速度不够快。比如你当天在想某个东西的时候，半天回忆不起来，但是可能过不了几天或者几个小时你就会发现它突然浮现了，这里就是一个简单的控制，所以对于梦的满足愿望，需要一个自己感受的过程。

梦可能是我们内心里的愿望，我们只是自己没有注意到而已。当作者提出这个观点的时候，其实也是有很多人反对的，他们反对的理由就是这个观点早已经被别人提出来了。而且如果是为了满足愿望，那么为什么还会有一些痛苦的梦呢？作者认为要反驳他们其实也很简单，因为我们以为愿望都是美好的，但是愿望不一定都是美好的，只不过我们在内心里做了这个假定而已。所以我们认为愿望是美好的，只是在意识的控制下向往着美好，但是我们无意识的时候它是没有方向的，不论对错的一种想法，即使看起来这个观点满足愿望。痛苦的梦需要我们解读，只有解读了其背后的真正含义，我们才会意识到我们自己下意识的想法是什么。如果没有意识到这一点，那么就很难去真正解读，因为我们通常觉得它是没有意义的，也就是没有任何作用的，所以我们不能被激起好奇心，我们很容易忽略它。只有通过解读，挖掘其背后的深层含义才会有用，一些想法就是需要跟自己最近发生的事情相联系，而且想要知道梦的最真实的表达就是要对自己诚实，如果不诚实的话可能就得不到最真实的结果，因为有时候得出了一些与自己的认知完全相反的结果，这个时候就可能怀疑自己解得梦的真实性了，所以真实接受自己，才能够真实解梦。

对于相反的梦，如何说明也是欲望的满足呢？作者的一个实验对象向作者提出了这样一个问题，她希望能够得到作者的解答，因为她做的是相反的梦，而且跟自己的愿望完全相反。首先她的梦是自己想做晚饭，然后由于发现没有食材了，于是她准备打电话去买。因为周末，大部分商店都会关门，然而她打电话的时候发现电话坏了，于是看到这样倒霉的事情发生，她产生了不想做饭的感觉。于是她想得到作者一个回复，如何证明是满足了自己的愿望。起初我们一看这个完全是一个没有满足自己的愿望的例子，而且还发生地很曲折，作者需要分析她最近白天的一个生活状态，也就是说她自己的生活状况是怎么样的。她说了自己的丈夫想要减肥的事情，她的丈夫不希望吃过于油腻的东西，这就给她增加了难度，于是这样就可以合理地解释了她为什么最终不想做饭了，因为如果她做好了饭意味着她的丈夫可能会继续增肥。综上原因，她其实内心里是不想做好这顿晚餐的，一切都是合理的解释，这也就是满足了她的愿望。

我们如何知道梦的来源呢？梦的素材来源到底是什么呢？这里主要说明一个简单的来源。作者告诉我们，很多时候我们大量的梦来源于我们当日所发生的事情或者最近所发生的事情，而这个最近所发生的事情自己觉得没有什么大不了的，但是很多时候大脑把它们相关联了，然后就会做出一种很奇怪的梦，特别奇怪的情景，自己觉得自己没有经历过，自己从来没有感知过，就像记忆那样。我们记忆一个东西的时候，往往以为自己忘记了一个东西，但是实际需要的是提取能力，我们记忆的东西没有被忘记，只是提取出来很难而已，就像梦里的那样，我们觉得自己没有经历过的事情，实际上自己已经经历过了，而且还跟现在有联系，这个是已经产生了变形的，是经过改造的，所以你很难觉得自己真正经历过。很多时候我们经历过很多事情，由于不能够得到很好的提取，就等同于遗忘，而且很多来源对于我们有显著的、深刻的影响。

　　哪些素材可以作为梦的原料呢？作者说了其中一个，也就是儿时的经历可以作为我们梦中的各种场景的来源。梦是为了满足自己的愿望，而儿时的愿望我们一定是记忆深刻的，有些事情可能一辈子也忘不了，至今也还记忆清晰。那么这个记忆随着时间的推移即使它会变得模糊，但是它的模糊的程度随着一次又一次地入梦又被激发加深了。儿时的入梦还有一个就是处景如梦，也就是当时的环境会对你的记忆有着很大的提取能力，导致你会梦到一些自己已经忘了的地方，但是你只要去找，一定会找到，这就是所谓的处景入梦，这是一个很强的环境暗示。还有一个就是所谓的催生梦，也就是当你想去做某一件事情的时候，比如回家。第二天要回家，一般人都很兴奋，所以他很有可能在前一天晚上梦到回家的场景，或者在家里的一些事情，这些都是有关联的。儿时的经历让我们大大增加了梦的素材来源，它会和现在的事情进行结合，也就是通过改装来满足自己的愿望，一些改装自己还不易察觉，那么要知道这些是否经过改装要通过仔细地分析才能够明确，即使一次的分析不够好，那么下一次一定可以分析得更好，所以这是一个不断的探索过程。分析的过程就是寻找一些自己觉得有关联的素材来寻求合理解释的过程，最后发现梦的元素并非虚幻而是来自真实。

　　很多时候有许多典型的梦，也就是我们所熟知的梦，这些梦可能是大众所共有的，就像一些基础的东西，也是普遍的现象，而有一些则是少数的。今天说的是典型梦中的第一个，也就是尴尬的梦。我们会有这样的一个错觉，就是在我们梦中，我们会因为说了什么，自己感觉到了很尴尬，而对方却感到不在意的，这也就是一种忽视的现象。而且自己梦见的那个陌生人一般是模糊的，你不知道他是谁，或者你能够模糊地看到他的脸却不知道他叫什么，你已经忘了你见过的这个人，这是一种典型的尴尬梦。这里说明了我们自己过去的一些事情也依旧会对我们产生影响。梦并不是简单地把一些过去的事情进行叠加，它还有很多的因素在里面。有的时候你能很清楚地知道梦里的人是谁的话，那么基本上就没有作用，因为它掺杂了别的因素就不是典型的梦。不是典型的梦就是特殊的，所以特殊的梦它是有自己特殊的分析的，这里用普遍的方式来说明典型梦的特征。刚才的尴尬典型梦说明了我们对自己过去的一些不好的时刻会在梦里复现，这个复现简单地说就是很多时候我们是不想自己那样子的，结果自己却产生了很多懊悔的心情，尴尬的情况让自己不能够忘却。我们能认知到很模糊的人说明了我们是不想实现自己愿望的，也就是不是为了满足愿望，它是一个相反的梦，这里的相反是我们留在记忆之中的，自己不愿承认的一个事物。当然，它占据了意识，自己只是没有意识到罢了。

《亲密关系》
——教你如何建立亲密关系

你的亲密关系对象，不只是你的伴侣，也可以是那些与你熟悉到一定程度的家人、朋友、室友及同事。本书所讲的亲密关系，都基于这个基本理论，那就是"你所有亲密关系的对象，都能让你更加认识自己，从而治愈你内心的创伤，最终使你找回你自己的人，是我们通往灵魂的桥梁"。

所有情绪的表达，都能从自己的内心找到答案，我们要透过外在的表达去寻找内心深处的真实自我。情绪的表达其实是内心感受积累到一定程度时的爆发。在亲密关系中，我们首先要学会的是坦然接受不悦与不适，同时学习一些心理学知识，从而认清那些隐藏在表面之下的东西。

每个人在最开始发展一段亲密关系时的动机都是为了寻找爱，但很少有人能应对来自这段关系的挑战。两个人在一起，需求和感觉不能叫爱，控制和操纵也不能叫爱，彼此伤害和追究对错更不是爱。我们要意识到，没有哪对亲密关系不会出现问题，当问题出现时，你要知道你可以不通过寻求外界的力量自己处理，这就是迈向"灵魂关系"的第一步。

粉丝们对偶像、球迷们对球星，都有一种崇拜，一见钟情的两人也是如此，我们将对方的优点无限地放大或者只看到对方的优点，这一现象叫"月晕现象"。没有完美的人，过高不现实的期待最后带来的注定是幻灭，而许多亲密关系失败的原因正是因为他们对亲密关系本身的无知。

开始和维持一段亲密关系的真正动机是来自我们内心的需求。现实生活中，我们所做的绝大部分事情，都是为了让我们的一些需求得到满足。比如儿童时期，想要确保自己被爱，我们会哭闹、撒娇、卖萌，直到自己的需求得到满足才停止。但是需求容易让人显得软弱，于是互相中意的两人在恋爱的初期所表现出来的一些品质，很可能只是表现出来而已，你觉得遇到了真爱，那很有可能是他（她）正好展现出了你所需要的品质，而这些品质，时间一久你可能会发现，有可能并非实实在在地存在。

每个人都是一个制造梦想的机器。好多单身"贵族"总是觉得遇见的人有这样那样的不足而不愿意去与他人建立亲密关系，当到了一定年龄之后，想法改变了，于是找了个合适的人在一起。有时候连他（她）自己都以为是降低了标准或者改变了计划，其实到最后会发现，自己还是不断地向对方提要求，努力去塑造对方成为我们理想的那一位，还一边喊着为别人好。结果怎样，多半走向了"地狱的深渊"。

如果你不能接受对方现在的样子，或者不能让他（她）自由地走自己的路，那么你就不是真正地爱他（她）。许多人认为需要就是爱，这就是亲密关系出现问题的原因所在。耿直的人会直接表达自己对另一半的要求，含蓄的人会用肢体语言或用特别的语气来表达，这些需求都是来自你以前的经历，有的甚至形成于孩童时期。你要从心里明白，你内心真正需要的谁也给不了，你的快乐也是。

期望是愤恨的前身。每当你因为对方没做到某件事而生气时，你都应该先问问自己，此时此刻，你到底想从伴侣身上得到什么？仔细思考你会发现，许多实质性的需求，到最后都源自情绪上的东西。比如另一半约会迟到了，你会不高兴，不高兴的原因不是因为对方不守时，而是因为他（她）让你觉得自己没那么重要。了解期望背后的需求这个技巧是需要后天培养的，通常是用想象力、意向及直觉来揭开它。首先要有真诚的意向，真诚地希望自己的需求别再成为伴侣的负担；其次直觉会给想象力以方向，想象力会带来可能性，可能性决定你能看到什么。

恋爱的开始往往是来自情绪上的需求，这些需求多是源于孩提时代所追求的归属感和确认自己的重要性。当你觉得眼前的这个人应该通过努力满足你的需求以及努力为你改变时，你最终多半不会得到非常理想的结果。若你仍不愿意放下执念，仍不愿改变自己，仍不愿接受对方，那这段关系最终的走向只有毁灭。

如果你的需求得不到满足，你改造另一半的计划也泡汤了，你往往会做出一些"偏差行为"，装帅、卖萌、耍酷、逞强，总之会做出一些不是你内心深处真想做的事。一切行为背后的目的都是吸引对方的注意力，从而证明自己的重要性。"大人其实也只是幼稚的小孩"，这些手段最终被识破后，你会更加沮丧。

当你发现你的某些举动在另一半眼里已经习以为常时，当你已经受够了另一半的小毛病时，当那些你曾经最爱的、爽朗的笑声现在让你浑身发麻时，亲密关系的幻灭也就来了。我们抵制幻灭的做法就是互相进行权力斗争，企图用蛮力来改变对方的方方面面。权力斗争有多种形式，不管是吵架、摔东西甚至动粗，都会对亲密关系造成伤害。爱情的前期靠的是激情的魔力，但那一定不是爱情的全部，它还有下一段旅程在等待着你。

我们总是试图去逃避痛苦和不愉快的经历，即使有些事情是逃不掉的，我们仍会去做无谓的躲闪。作者用自己儿时吃胡萝卜的经历来分析亲密关系中的权力斗争，他认为我们的挣扎和争吵，都只是为了不直面伤口，因为生气比心碎容易让人接受，但事与愿违的是，我们往往承受完生气接着就是心碎。书中给我们的建议是，采取理性成熟的态度来处理权力斗争，也是给自己一个面对过去的机会，然后你会发现，你将永远不再会受到来自它的负面影响了。

一个人一天大概有五万五千个想法，其中大多数是旧想法。一旦有个想法在你心中生了根，它就会产生连锁反应，对内心造成影响。比如爸爸因为某种原因没有带你去露营，可这本就是他早答应好的，你理解不了爸爸的世界，你只知道自己没有去成露营，是因为爸爸不够爱你；再后来，你会觉得不爱你的人越来越多；最后便成为一个深信自己并不可爱的人走进了社会。他的命运会如何？他又会如何影响别人的命运？于是我们要做的，就是找到这些想法的来源，按下删除键让它早日散去，因为那本不该属于我们的心。

我们会把曾经受过的伤害埋在心底，不愿意面对。那个存放伤痛的地方就是我们的潜意识，虽然潜意识很像是储存室，但它有着无限扩张的性质，可以存放更多的不愉快。但是逃避不是解决问题的方式，痛苦会限制你的思想，尤其是会放大到你对同类事物的看法，让你越来越惧怕那些东西。亲密关系是改善旧伤的有效途径。

有些旧伤真能影响人几十年甚至一辈子，比如荣恩在他小时候就总是受到来自母亲的责骂，以至于后来他做什么事都觉得自己做不好。现在他结婚了，有了自己的妻子，可怕的是他一事无成又成了妻子漫骂的原因，饭桌上的荣恩依旧沉默。可如果荣恩能把这看成一次面对过去的机会，那他就能走出阴霾，战胜旧伤。小时候不知道如何表达对母亲的不满，现在必须要抓住机会，努力沟通，化解怨恨。

处理旧伤的方法，第一步是面对它。多数情况下，你想和对方吵架不是因为对方伤害了你，或者对方做的事情太荒唐了，而是因为有些来自过去的伤痛未被及时解决。如何在陷入权力斗争时保持清醒，就是要告诉自己，我想吵架的原因不在对方，或者干脆这样想，我这么生气与我现在脑子里想的事完全无关。权力斗争中好的特点就是，双方心里都在乎着彼此，所以我们更不该让旧伤左右我们的思维。

"每个选择都有其后果。不幸的是，有时你早已忘了你的选择，后果才浮现。"

亲密关系中权力斗争是一种情绪上的表达，相对于面对痛苦来说，吵架似乎容易得多，但是吵得越多对亲密关系的伤害就越大，怒气会让我们的距离越来越远。两个人在一起，了解得越深，就越容易发现，你眼前的这个人其实并没有那么迷人。从最开始的只看到好的，到不好的慢慢出现，到最后甚至出现些丑陋的，这时我们该如何回应、如何包容、如何拥抱对方呢？

为什么我们明知道愤怒不能解决问题，却还是常常试图使用愤怒去解决问题？在亲密关系中，愤怒给人带来的作用无非两种，一是麻痹自己，用愤怒让自己短暂地忘记疼痛，只是短暂地忘记。二是指责对方，让对方内心充满负罪感，然后被愤怒者控制。人在权力斗争中，有三种表达愤怒的方式，攻击、情绪抽离及被动攻击，无论哪一种，都是为了达到一种目的，那就是让对方内心愧疚，让对方觉得你的痛苦都是他（她）造成的。表达愤怒最简单，仿佛是人类天生的保护机制，保护自己不受痛苦的折磨。这样看，我们好像真的摆脱了痛苦，实则不然，我们错过的是一次自我疗伤的机会，也给自己的人生增添了一些局限性。

两个人争论也好，做权力斗争也好，只要你能让自己总是站在对的一方，让对方看起来是错的，你就会越发地理直气壮。有时仅仅抓住对方的一个漏洞和错误，不断放大，即使你原本是错的，你们争论的重心也会不断偏向有利于你的一方。可这样做，真的对吗？你到底要一份真挚的情感，还是一个比较高的位置呢？指责对方能让你不用面对罪恶和耻辱，但是你便不能拥有健康美好的亲密关系。因此，试着去面对那个让你不自在的痛苦，无论多大痛苦，若能全身心地面对它，就一定能化解它。

矛盾产生时，要尝试用爱去克制冲动，只需告诉自己一点，那就是你现在如此生气，是以前的伤痛在作祟，而不是因为你此刻心中所想的那回事。痛苦在亲密关系中显现就好像身体上的伤痛总是先通过身体自愈一样，让自己站在更高的位置审视痛苦。具体做法就是，别通过表达怒气和控制对方来试图挣脱痛苦，从而更加认识自己，这可能就是爱的真正要义。

我们不能否认亲密关系中的两个人看待世界角度的差异性，因为一千个人眼中有一千个哈姆雷特，没有对错之分。面对争执我们要使用的关键一招就是"换位思考"，也就是要有"同理心"。比如你和另一半分别坐在沙发两头，在你们之间摆着一顶帽子，从你这边看是蓝色的，从对方那边看是红色的，事实上它是一顶红蓝各半的帽子。我们总想让对方站到自己的角度去思考问题，却从没想过对方心里也是这么想的。

伴侣双方只要能尊重彼此的看法，互相接受对方的意见，就能达到理想的亲密关系。一方善于发现问题，另一方在聆听以后，提出解决方案。但事实往往不尽如人意，双方都以各自的方式逃避问题，正方喜欢否认问题的存在，反方则选择夸大生活中令人烦恼的事情，分散自己的注意力。生活中所有的状况，均不能以好坏来评判，对方为你付出，即非好事，也非坏事，不能说对，也不能说错，这些都在你一念之间，好坏皆来自你的内心。你若因此难过，那么一定是过去的伤痛在作怪。

一段健康的亲密关系，总要经过这样一个循环，快乐—假装快乐—大战爆发—解决问题—快乐，也就是说从一开始的快乐，到出现问题不愿意承认，再到后来就爆发了，经过沟通和分享，问题得以解决，两颗心更近一步，这一轮迭代让他们的亲密关系也迈向了更高的层次，然后继续开始新的一轮循环。这里，我们应该学到的是，有了问题不要先想着逃避问题，要试图通过沟通去感同身受，从而解决问题，才能重新获得快乐。

两个人在一起，总有一个正方一个反方，反方善于发现问题，并将问题以各种形式告知正方；而正方没看到问题，多数情况下会选择否认问题的存在。若反方一再坚持，正方便会试图采取行动解决问题，但是他们心里很少会认为问题真的存在，他们会装作无辜、出去散个步等试图躲避"大战"，但反方是不会善罢甘休的，于是乎大战爆发。本书告诉我们在亲密关系的相处之道中，对方如何对你，完全取决于你自己的态度。面对同一个问题，如果你选择了一个立场，那么对方自然而然就成了你的相对立场。如果你对当下的亲密关系不太满意，首先要学会的就是放下自己立场，如果对方因此也做出了一些改变，那么你们还可以继续下去，反之，意味着你们二人走向了尽头。

前面不止一次地提到，在亲密关系中，每一个负面表达都来自旧伤，可我们该如何了解另一半的旧伤呢？最简单的方式就是沟通。如果在亲密关系中，你总是认为自己是对的，或总想证明自己是对的，那你就无法走进另一半的内心世界，永远无法了解对方的旧伤。我们如果想要找到矛盾背后的真正原因，就必须先放下自己的立场去寻求和谐，真正去关心对方，到最后改变的一定是两个人。

在亲密关系中如何才能做到有效的沟通？有八个问题需要我们诚实回答。第一个问题就是你想要什么。这可以说是进行沟通时最重要的问题了，你是希望自己是对的还是快乐的，想要冲突还是和谐，想要一方痛快还是皆大欢喜。你吵架赢了，你爱的人心里会痛快吗？能不能在发生摩擦时主动先替对方考虑？当你试图用狠毒的语言来形容和责骂对方时，有没有想过眼前这个你爱的人一定不是一个坏人。

说话前请一定搞清楚有没有什么误会要澄清，这是有效沟通的第二个关键问题。这点看似简单，其实这很关键，生活中的事繁多复杂，有太多的时候我们只是看到了结果或者对一件事只听了开头就开始妄下结论，揪住事情的一角就开始滔滔不绝地摆事实讲道理，这是非常蠢的做法。尤其是在亲密关系中，你要懂得主动去理解对方，或许对方是因为一些突发状况而耽误了和你的约定，或许对方是有事情在忙而没能及时回你消息，要听对方把话说完，你尊重了对方，对方才会爱惜你。

有效沟通的第三个关键问题，就是你所表达的情绪，有哪些是绝对真实的。伴侣因事情晚归了，你上来就是一句"你这么晚回家我很生气"，战争便一触即发。这件事中，你不对的地方有两处，一是你不去了解对方为什么晚归，二是你认为让你生气的是对方晚归这件事，其实脑子里浮想出来的是他晚归的原因让你生气。而事实上，在他回家之前你就已经生气了。我们常常会为了要发脾气而去找别人的毛病，自己早已经一肚子火无处安放，然后对方只要稍有不如你意的事，你的怒火就被点燃了，下次再要发火的时候，想想背后的真正原因。

第四个关键问题，就是你和对方出现的情绪是不是似曾相识。一旦你发现，当下的感觉很熟悉，它对于你来说有着"悠久的历史"，那你便可以不再迁怒于对方了。每个人都有过伤心的经历，有人会说，若不是对方做出了这样的事或说出了这样的话，这种感觉就不会再一次出来。这样理解似乎很有道理，但仔细想想，其实真正的原因是你内心的伤痛没有被治愈，悲哀的情绪一直存在，它就会一直影响着你。于是当这些情绪出现在生活中时，你看到什么事情就都是悲伤的，然而你并没有察觉到。如何才能准确地把握情绪，重要的一点就是，多听对方分享，若你能从对方的话中找到似曾相识的感觉，你就会理解自己，也会理解这些情绪了。

第五个关键问题，就是这种情绪是怎么来的？"熟悉"一般与"家庭"

脱不了干系，家庭也是你最开始接触情绪的地方。无论是正面的情绪，还是负面的情绪，都是你心中无意识的部分在体验生活时产生的感觉反应，这对你之后的人生有非常重要的影响力。因此，告诉对方你的情绪由来，一方面可以转换伴侣在你心中的形象，另一方面能让你更清楚地了解自己。

第六个关键问题，就是面对负面情绪，我们该如何回应。一般来说，任何情绪在自己身上停留的时间都不会超过六分钟。如果我们逃避负面情绪，不承认它，并为了逃避寻找各种借口，那么它一定会在你的内心生根。面对负面情绪，我们要做的是说出内心的真实感受，包括它的由来、强度以及带给你的冲击。做这些时，要通过发自内心的爱。

第七个关键问题，情绪背后有哪些感觉。寂寞、无助、空虚、绝望等感觉，都是无边无际，让人害怕的。简单的例子就是"晚上妈妈不在小孩身边，小孩就会发脾气"。如何有效化解，主要是必须坦然面对它。虽然负面感觉常常包围着我们，使我们显得渺小，让我们感到无力，但是如果我们能用负责任的态度来看待"无力感"，把它当成我们的一部分，就能在面对负面情绪时不那么恐惧。

第八个关键问题，也是最后一个问题，能不能用爱来回应负面情绪背后的感觉。在面对压迫感和痛苦时，如果能够选择爱，那就选择了更伟大的东西。假如你最怕痛苦，试着学习平静地面对它，慢慢地你会发现，它会转变为一份礼物。向前，让自己认清前方的路；向后，让自己找寻被遗忘在角落里的东西。如果你能对自己的痛苦负责，你会发现你身边的他也在努力倾听，并同你一道分担你的痛苦。

有效沟通原则在日常生活中可能会遇到两个误区，一是矛盾产生时，通常不是一波就结束，我们往往会在第一波按部就班地运用方法，当第二波、第三波来临时就会乱了阵脚；二是过于看重原则，会让自己偏离预期的目的，忘记了爱才是我们的真正目标，那么方法再好，还有什么用处？

有效沟通的方法在于打开我们的心房，让我们知道，所有的矛盾都有相对应的完美解决方案。一味地妥协并不能得到最好的沟通，唯有用心去聆听对方就像聆听你自己内心的想法一样，心甘情愿去接受对方主动给你的，一定会发现奇迹。

有时候，我们会疲于遵守这些原则，会筑起心墙来"保护"自己的内心，会非常看重对错而忘记爱，会将你深爱的人看作威胁你幸福的"敌人"。如果真的到了走投无路的时候，请记住，选择"臣服"，别再计较谁对谁错，让灵魂指引你去爱、去欣赏、去感激伴侣；放下你对伴侣的束缚，哪怕在你心中那只是一点点，不要想着如何控制对方，要知道自己真正想要的是快乐和幸福，而不是处理不完的矛盾。

在和另一半争吵的时候，报复心理会麻痹你的神经，让你刻意伤害对方，从而减轻自己的痛苦。想要自己从情感旋涡中超脱出来绝非易事，但是通过报复另一半来转移注意力却易如反掌，而且其过程中包含的那一时的快感会让人上瘾，无法自拔。伤害亲近的人会在你的痛苦上再加一层罪恶感，这种感觉越强烈，你的报复心就越强烈，最终这段亲密关系便走向深渊。

我们常常会在争吵中说一些让对方痛苦的话，并且内心会有一点沾沾自喜，这便是亲密关系中的"报复"现象。你可能会说，事情是他先挑起来的、是他先说那样的话、是他先让我痛苦的等之类的语言来试图掩盖自己伤害对方的错误，营造出一种好人惩罚坏人的假象，可是亲密关系中哪有坏人啊！报复容易得很，但是会让你离真爱越来越远！争吵是谁起的头不重要，如果你想争吵，正是说明你内心有伤需要治疗，而报复对方只会让你越来越痛。

痛苦虽不能避免，但要不要受苦却可以选择。生而为人，我们的不完美而产生的痛苦可能会伴随我们的一生，我们该怎么做？这便是逃避不掉的事，我们也不能放纵自己，因为这不仅会让痛苦存在的时间变得更久，也会让痛苦有增无减。亲密关系中，争吵、追究对错、控制对方都会让我们迷失方向。因此我们能做的，就是坦然接受并面对它，只有这样，才能到达灵魂关系的自由。

在和亲近的人争吵时，我们都以为对方才是导致自己痛苦的真正原因，却不知他们只是你怒火中烧的催化剂而已。我们看不见旧痛浮现，只知道将亲近的人拒于千里之外，然后试图用权力斗争去控制对方，或站在与对方相反的立场，然而越是这样，就越看不到自己的问题，心中那扇门就关得越紧，个人的抵触情绪就越大。每当这时候，我们要做的就是不要怪罪对方，要将痛苦的原因归结在自己身上，讲出自己的痛，和对方一道用爱来互相支持，走出阴霾。

面对痛苦情绪，作者也提出了一些实质性的解决方法。

方法一就是：向感觉吸入空气。书中说，愤怒是在下巴以下、肩膀以上造成的反应；悲伤在胸腔和喉咙，也有时在眼睛后方；恐惧往往在消化器官。这确实是一般性原则，感觉因人而异。比如我在愤怒和委屈的时候，腹部会有感觉，之前也听过"腹脑"的说法。无论如何，当心中的感受传到身体时，找到那个部位，向感觉器官均匀、不间断地吸气，试图接受这个感觉。集中精神做六分钟，感觉会完全不一样。同理，这个时间也因人而异。

方法二：如实地接受痛苦情绪。当我们开始接受痛苦情绪时，我们就会有意识出现。这种意识的出现是因为我们往往倾向于排斥和否定不想去面对的情况，我们天真地以为不面对就等于万事大吉，其实错了。这里讲的接受不是顺从，顺从是容忍，而接受是理解，当你试着接受那些情感上的不适感，你就会更好地探索愤怒之下的感受。

方法三：静下心来审视痛苦。当你绝望到快要崩溃时，不如躺下来，或者自己静下心来，闭上眼，认真审视这痛苦的颜色。颜色有时候是黑色的，有时候是红色的。你只需不断地用心审视，揭开痛苦表面的层层帘幕，你才能找到内心深处真实的平静。如果你能做到这些，你便能体验到极致的爱！试试看吧，看看你的感觉是什么颜色，听听你的感觉发出的真正声音，你的平静和专心能让你顺利到达你想去的中心！

方法四、方法五、方法六：聆听感觉背后的语言，感谢对面的这个人，分享你压抑的情绪。仔细聆听心中的感受，听听它想表达的，如果能用你的嘴说出来，那么你就能听到感觉背后的语言，能有更高层次的体验。一句简单的感谢，能让停滞不前的沟通继续下去，即使对方惹你生气，对方也一定有那个你可以感谢的地方。用它来指引方向，把你的压抑情绪向伴侣表达出来，然后让心引导你前进。

《遇见未知的自己》
——成为更好的自己

　　你对于自己的认知到底有多少呢？古希腊帕特农神庙柱子上有一句非常经典的、带有哲理性的话：认识你自己。而这本书的作者也是从认识自己的角度来叙述的，作者说她自己已经被生活教训了很多次了，生活总会为我们安排不同的剧情，然而却教会了我们相同的人生哲理。在序中她提到凡事保持谦卑和感恩是解决问题的良药。我们内心的一些烦恼都是因为自己求生存、爱面子、展示自己而已，开头她就提出了一个人生的终极命题：你是谁？她是借着第三者的口吻去阐述的，并不是作者平铺直叙，作者以女主人和男主人吵架为线索，吵架导致女主人情绪失控后，选择夜里开快车，在她一顿暴躁的操作后车子的油已经没有了，然而最糟糕的是她的手机居然还没电了。女主人一个人在漆黑的夜里，此时还下着大雨，她在想老天为什么要给她这么多苦难，这时她看到了远处的一个房屋有亮光，这一切都好像是安排好的。她缓缓走进了房屋，保持着陌生人应有的戒备。屋里只有一个白发苍苍的老人，开头就问了一句：你是谁？女主人介绍了很多方面，她回答了她的职业，回答了她性格方面的特点，回答了她叫什么名字。然而在她都回答了以后，那个老人还在追问她，她到底是谁？她此时想到了应该从哲学的角度回答这个问题，于是她给出了一个作者内心的答案，她是身体与心灵的结合体。我想这个回答是从三个维度上进行的阐释，算是给人生终极问题有了一个初步的答案。

女主人公叫若凌，她还待在那个老人的家里，老人对于她的回答给出了一个判断，说她说得不准确，然而因为若凌在学校辩论队里当过队长，因此她也极力地打算把自己的想法表达出来，并且想要说服老人。然而老人又问了她一个问题：自己是不是一体的。若凌害怕自己陷入老人的所谓的圈套当中，她支支吾吾地并没有打算回答。最后老人给出了答案，说我们所尽力描述的东西却很难真正描绘那个东西本来的样子，就像我们对于一个没有吃过冰激凌的人说冰激凌的美味，我们对于自己没有感受过的东西，只有感受才能够留下深刻的印象，语言的描述显得那么苍白无力。最后老人说到我们痛苦的根源就在于不认识自己是谁，却追逐着、攀附着那些原本不属于我们的东西，也就是弄不清自己到底想要什么。最后老人还给若凌提了一个问题：什么是所有人都想要的，我们到底想要的是什么？这个问题在若凌的脑中时时浮现，久久不能解决，她对这个问题一直困惑着。这个问题的答案是什么，她也一直想要找出来。于是她每天观察她的身边的人，包括同事、朋友及家人。最后她得出了一个结论，那就是追逐财富、权利、健康、快乐等。这个答案是她目前所能够想到的，也是能够得出的最好的一个答案。

若凌认为，我们每个人所追求的答案是财富、健康、权利和快乐等，这个答案看起来是非常吻合我们目前的认知的，但是她对于这个答案是否真的正确，保持着疑问的态度。过了一周她再次来到那个小屋询问老人，她默默地看着老人评价她的答案，老人最后说出了答案：是爱、喜悦和和平。这个答案看起来跟若凌的答案是有些相关，这里存在一个问题，那就是如何理解快乐和喜悦。老人给出的答案：快乐是因为外界的刺激，让我们内心觉得开心，而喜悦就是因为内心真正的开心，这里的快乐跟喜悦是不一样。由快乐的定义我们可以觉察出，快乐需要的是外界的一个刺激作用，如果这个外界的刺激不在的时候，那么我们是否还会快乐呢？一句话概括就是快乐是建立在依靠外界刺激本身的条件下产生的，而喜悦是由心而发，产生于内在，可以自己控制。我们常常感到不快乐是因为我们失落了真实的自己，对于真实的自己我们其实是很少探索的，一般情况下就是向外界去求。还有一点就是我们每个人无时无刻不在扮演着一个个角色，所谓的角色就是外界贴给我们的标签，这个标签并不一定是真实的自己，它只是外界给你的一个定义和称呼而已。自己给自己的定义可以叫作身份，所以认识自己也就是探索自己的身份，我们对于角色的定位就是尽力扮演好每一个角色，人生如戏，每天都在上演，看看自己如何演出。

　　若凌因为知道了老人给出的答案，因此她也想践行老人的理论，她也带着爱、和平和喜悦来看待自己身边的人和物。她本来和婆婆的关系不合，主要原因还是孩子的问题。婆婆急着抱孙子给了若凌很大的压力，因此每个星期五她都不想回去，如今她却想扮演好一个角色，这个角色带着爱、和平和喜悦，这个时候她带着真诚对待身边的人，她发现身边的人也都挺好的。不要去想那些坏的一面，因为人无完人，每个人都有不好的一面。老人还说每个人都是活在同心圆的内部，而内部是未知的自己，一个个圈层把我们包裹在最里面，外面有习惯、身份、行为、心理、思想等，其中不乏财富、权力等。我们一般情况下都是在向外求，而自己的内心是很少去观察的，但是为什么我们还在向内求呢？因为我们曾经拥有过它，试想有一个人一直在观察着你，每时每刻跟着你，只是自己从来没有感觉过，它是真实存在的。我们生活的世界都是由一些能量构成的，同频率的会有共振的反应，包括看得见的东西和看不见的东西，它确实是存在的，就像磁场一样的确实存在，但是我们却看不见它。由此可见，肉眼可见的世界只是真实世界很小的一部分，我们能够看见的是生物的特性，看不见的是需要去感知感受的。感觉有时候准有时候不准，不过感觉最为灵敏，即使错了也没关系，它代表着你借着身体能量体观察世界、认识世界。

若凌知道，自己的爱、喜悦、和平被一些外围的圈层包裹着，那么这些圈层到底是怎么起作用的呢？其实这些圈层包括了身体、思想、情感、身份认同等一些可以看作有能量的东西，因为我们的所作所为让自己时常感觉是在意识的控制之下，但是实际的情况却是我们的意识控制非常少，只有不到5%，大部分还是被潜意识控制住了。我们跟别人交流的时候是通过能量的同频共振起作用的，不知道为什么有些人当你一看到就觉得很顺眼，而有些人则一看到就表现出不耐烦，不想跟他交流。这里说的是一种感觉，而感觉这种东西一般来说它比语言表达的速度要快很多的，所以感觉比语言更能够传达你对别人的一个评价，愿不愿意跟对方交流其实在一念之间就已经决定了。正是因为有潜意识的控制，我们的一些行为、思想和举动恰恰是潜意识不断执行的一个结果。我们想要了解自己的潜意识，可以通过自己的言行举止以及对人或事物的看法来判断，认识自己是一个不断深入的过程，不是一天两天的，任何认识都是需要时间的累加，再加上一定的突变才能够看到明确的效果。认识我们的潜意识，因为我们的意识、自我了解、思考、判断、感情都是通过潜意识来主宰的，它是发挥主角的作用，而意识可能是个配角。

若凌根据老人说的，去看了他推荐的电影，电影的名字叫《我们到底知道多少》。电影的名字很奇怪，若凌刚进电影院就听到旁边的人说这部电影非常烧脑，有人甚至看了十遍，若凌的态度就是只要看懂就好。电影开头讲到我们每天接收到的信息有4200亿单位，而意识处理的信息仅仅2000单位，可见意识处理的信息少得可怜。除此以外，我们每天接收的信息都是能量波动，观察者能够影响被观察者，同时被观察者也会影响观察者，而且我们每时每刻所看到的世界都是我们自己所创造的。唯物主义者对此是抱着怀疑的态度的，但是我们抱着开放的态度，姑且不讨论对错。由于生物特性，我们每次情绪表达都会分泌一些化学物质到我们身体的各部分细胞。如果长时间是这样的话，那么我们的细胞就像胃一样会感觉到饥饿感，如此当你经常生气的时候你会更加生气，这样循环下去将是非常可怕的。那么既然我们是被层层包围的，到底怎么接触真我并同它对话呢？这里需要将我们的潜意识引诱到表意识，然后通过表意识来判断到底哪些是我们曾经没有注意到的不好的习惯，通过沟通表意识来改善那些扎根深处的自动化的系统。可以把表意识、潜意识和真我之间的关系做一个比喻，类似于一个马车载着主人去某个地方，马自以为它控制着马车的方向，而车夫自然也以为他控制着马车的方向，但真正起决定作用的是那个主人要去的目的地，马就是表意识，车夫就是潜意识，而主人就是真我，他决定了真正的走向，控制着整个马车。

潜意识到底是怎么跟我们沟通的呢？这个问题其实是若凌一直都想要找到的答案。她为了寻求答案特地约了刚从国外回来的一个老同学，老同学约她在一家高档的餐厅见面。开始的时候因为太久时间没见，话题尴尬，不过后来因为她们上次电话聊完就有一个疑问，所以老同学就直接讨论问题了。对于潜意识的表达方式她们说的是梦，通过梦的一些表现形式让我们能够知道潜意识到底在干什么。可是我们对于梦常常会忘记，晚上做过的梦早上就忘记了，所以就不知道那是什么意思了。还有就是一些违背自己内心的一些考证，我们常常会忘记什么东西，其实这并不是因为你的粗心，而恰恰是因为你的潜意识的抗拒；还有就是一些看起来很简单的但是自己却常常去做的事情，比如有的时候会常常自言自语说一些什么东西或者喜欢唱某些歌，这其实恰恰表明了潜意识在跟你沟通。

若凌又去找了老人，把她找到的答案告诉了老人。老人感觉很欣慰，因为若凌确实做了很多的功课。那么进入真我的第一阶段是身体，我们的身体是如何阻挡我们跟真我沟通的呢？有了判断我们潜意识与我们身体沟通的信息，我们的身体就有它自己的记忆。可以确定的是，发生在我们小时候的很多事情我们都没有记忆了，可见很多小时候的天性我们都忘记了，因为我们的意识根本不记得，可是我们的身体却还记得，只是自己不知道而已。而只要发生的情绪还是别的事情，身体总会有记忆，所以我们无法完全消除身体对我们与真我的沟通的阻挡，但是我们却可以通过一些简单的方式来让自己的真我与自己沟通。主要就是通过瑜伽和深呼吸，瑜伽其实人人都是需要练习的，而且一般我们在练习的时候发现我们的身体很僵硬，筋被拉得很疼，这个时候我们需要的是通过知觉与意识把你的想法带到那个你感觉紧张的肌肉的地方让它放松。而若凌在练习时就是这样让自己的意识游走到那里，果然放松很多。还有一个就是深呼吸，所谓的深呼吸就是腹式呼吸，一些小孩呼吸的时候肚子在起伏，就是通过压缩膈膜把氧气带到更多的身体器官滋润器官，保护身体，如果呼吸过于急促，身体反而不能把氧气带到该去的地方，不利于身体的循环。通过简单地练习，每天有意无意的练习，坚持下去必定大有裨益。

我们要借助身体来沟通潜意识，最主要的就是保证饮食和营养。为了能够做到这一点，就是开始要有这样的观念，如果没有这样的观念，那么基本上是不可能执行的。除此以外，还要注意饮食的时间，要定点定时吃，不然身体没有形成规律，那么就不能够有一个好的身体，所以维持好身体就是应该通过提前规划好吃什么，什么应该多吃，什么应该少吃，每个阶段都是不同的。还有营养，我们都知道营养很重要，因为营养是补充我们身体所需要的矿物质、维生素以及其他的一些蛋白质和钙等。我们吃什么要均匀，所谓均匀是根据个体来定的，不同的个体会有不同的营养配方，所以最好的方式是通过营养师来进行调配，如果没有营养师调配，就按照普通人的营养要求来要求自己，这样也会好很多。除此以外，最重要的就是能够掌握好睡眠，如果睡眠不足，周体劳顿，必然会没精神，所以有一个好的精神是做事的基础，没有了基础，基本上就不能够去想其他，因为精神的折磨比肉体更厉害，所以有了好的精神，才是最重要的。

第五篇

精品读物

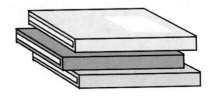

在《我不》中读懂大冰

之所以知道大冰这个作家，源于高中时的一个同班同学的大力推荐，每当大冰出新书的时候，她都会"磨刀霍霍向大冰"。

有关大冰的事情，她都能侃侃而谈。在这样的情况下，我就是想不知道这个人都不行了。跟她借过几回书，谈到书的作者，我能感觉到她眼睛在放光。在借书这个事情上她很豪爽，让人感激。大冰本人开了个名叫"大冰的小屋"的酒吧，听说经常收留一些无处可去的流浪歌手。许多人都慕名而来，其中有一个他最亲的人，叫作白玛列珠，来自门巴族。

大冰当他是弟弟，在白玛列珠要上大学的那个暑假，他成了小屋中的一员，虽然是暑假工，但最后的工资比他预想中的要多得多。白玛列珠的家乡在墨脱，交通不便，由此催生出了叫作"容巴"的背夫职业。做"容巴"不仅辛苦，甚至会有丢掉性命的危险。山路崎岖，外面的物资全靠人工搬运，常有殒命山崖的人，而白玛列珠在未曾上大学时就是"容巴"的一员。

大山里的孩子要上学不容易，要上大学的孩子更不容易。而白玛列珠能上学，是因为他有好哥哥，大哥摔死了，二哥把上学的机会让给了他。生活虽然艰苦，但白玛列珠并没有因此抱怨过，而是更加努力地学习、生活。上了大学的白玛列珠自力更生，成绩优异，让人敬服，在此为白玛列珠点赞。

《断舍离》——丢掉无用的东西

　　断舍离是什么？断舍离就是通过收拾物品来了解自己，整理自己内心的混沌，让人生更舒适的行为技术。通俗一点讲，就是通过收拾家里的破烂儿，整理内心中的破烂儿，让人生变得开心的方法。

　　那么，怎样对自己居住空间的物品进行断舍离呢？我们进行大扫除的时候，总是会从物品本身进行考虑，"还能用呢""扔掉好可惜呀"，但是，断舍离的主角并不应该是物品，而是自己。我们要从关系轴和时间轴看物品。我们经常把轴线错位在了物品与他人、不确定的未来和已经成为过去上。而断舍离告诉我们，只有对当下的自己合适且必需，也确实在用的东西，才能留在自己的空间里。画重点，关系轴——对自己有用；时间轴——当下。即当下对自己有用的物品。

　　通过"舍弃"，找回"自我"。裕一先生还保留着高中时期的成绩单，为的是给大学时不自信的自己一些心灵的寄托。紧抓着已属于"过往荣耀"的成绩单，而沉溺于过去的时光。

　　"我到底想向谁证明自己的能力啊。"其实这是极不自信的做法，想借着成绩单来证明自己的价值。"丢不掉的物品"其实是映照着自卑的镜子，只是想借着东西来隐藏我们自己的弱点和自卑。通过物品可以深刻地认识自己，借由对物品的放手，可以找回原本的"自我"。

　　果断地"断绝"物品。对于物品，我们要让"入口"狭窄，"出口"宽广。当我们经历了舍弃的辛苦，"断绝"工作就能比较顺利进行，毕竟丢东西是如此的麻烦，买东西的时候，要更加慎重才行啊。而购物的基本概念，应该立足于"东西用完了再买"之上。当你面对琳琅满目的新东西，有了"好像要"的心理时，请先深呼吸一次，留一段时间让自己直面物品，好好试着问自己，我真的需要吗？应该买吗？避免冲动购物。

"断"，学会"断绝"对自己本身的提高也产生着影响。

（1）"断绝"为了追求外在评价而接受的物品。自己不需要就是不需要，不要因为外在的评价，而对任何人笑脸相迎。

（2）"断绝"令你将就的物品。平时就使用精心挑选的、珍藏的物品，向自己宣告：我适合使用好东西。在潜移默化中，你的自我肯定感将会大幅提高，你选择物品的格调也会跟着提高，你也会更加自信。

（3）"断绝"为了想要填补寂寞而收取进来的物品。寂寞无法靠物品填补。在你寂寞时，因为售货员的热情和关注而冲动买下物品，其实本身就是一种不自信，不论是谁，都因为受到他人的认同、需要，才能感受到获得的喜悦。但是，最重要的是，"自己认同自己"，接受当下自己所感受的，好好地接受自己的寂寞感受。彻底地"脱离"执着，我们要认真地与过去"无意识、无自觉"的物品面对面，反复地以"舍"和"断"来减少物品。

而所谓的"离"则是指出现在这些行动之后的"脱离执着而自在、愉快的状态"。"直觉"竟也产生于"断舍离"的不可思议的作用中。在实践"断舍离"，开始精简物品，面对自己之后，会产生那种不可思议、有充分把握的感觉，这就是我们常说的"直觉告诉我"。

请试着重视自己"不对劲的感觉"。

对于物品，感觉到"或许这东西已经不适合我了"，对于人，总觉得交谈不愉快。那就要重视这种感觉，不要被"可是，这是人家送的；可能还用得到""可是和他是老交情了，也受过他的关照，一定是自己想多了"的思想来麻痹自己。在此刻好好地面对自己所感受的不对劲，不要视而不见，果断些吧。

"断舍离"的最后一章，讲的是实践"断舍离"后的一些人，得到的一些改变。通过"断舍离"，拒绝了吃饱后而因觉得浪费而又进食的食物，瘦了11斤；通过"断舍离"，卖掉了自己当前不需要的物品，避免了冲动消费，而财富开始累积；实践"断舍离"后，"自己"这个主轴变得越来越坚定，被定型为"以他人为优先"的人际关系也发生了变化。

"断舍离"不仅用于物品的整理上，还用于自身的提升上。其实，我感觉，最重要的应该是果断吧，不要犹豫不决，对任何事情，快、准、狠就对了。

《红楼梦》的贾府百态

很多人都说读《红楼梦》读不下去，复杂的人物关系和早已不熟悉的诗词歌赋，都让我们产生距离感。

尤其是第一回、第二回中，看到那满篇的半文言，数着那宁、荣二府的核心人物时，谁都会觉得眼花缭乱。但是，当整本书读完之后，才发现原来这两回真的是不可或缺；它不仅交代了二府中的人物及其性格，更是为整个大观园渲染了一种"大势已去"的迟暮之感，否则之后所有情节的展开都显得突兀无理。

至第三回，随着林黛玉进贾府，府中的太太、姑娘、宝玉及黛玉的形象便开始渐渐清晰起来。"虽怒时而似笑，即嗔视而有情""心较比干多一窍，病如西子胜三分"，两个心思细腻，柔肠似水的少年，终于在这"花柳繁华地，温柔富贵乡"中重逢，那"他是甘露之惠，我并无此水可还，他既下世为人，我也去下世为人，但把我一生的眼泪还他，也偿还得过他了"的誓言，从此，便要开始成为她一生中爱情的悲谶。小时候刚刚读时，总不愿读40回以后的内容，因为慢慢的我发现，从那以后的事件，无论是家宴，还是闺阁逗趣，都免不了一点悲伤的气氛。

渐渐地，金钏走了，晴雯走了，抄检大观园后，宝钗走了，之后，黛玉殉情，钗玉成婚，探春远嫁，元春在宫中寂寞离世，惜春看破红尘后遁世出家，到最后，白茫茫大地真干净。

多希望，宝玉和黛玉，能如纳兰容若写的那样"人生若只如初见"，如初见时的天真无邪，再不要经历之后的悲欢离别。

《红楼梦》第四回，至薛姨妈一家进京，《红楼梦》的整个故事情节才算真正地开始展开了。在这一回，最让我感到心凉的，不是薛蟠的仗势欺人，而是贾雨村的因私废法。

在这个情节里，作者前两回塑造的那个"两袖清风，谦恭厚道"的贾雨村形象尽毁。说什么"大丈夫相时而动""趋利避害者为君子"，抑或是回报贾府、王府之力，若不是为了保自己头上的乌纱帽，什么事情比得上主持公道，公正执法重要；更何况，案件的受害者也是他多年前的恩人。无论是出于为官之本，还是道德之约，他都不应如此草草了案，甚至后来将那门子也远远地充发了。如此薄情寡义之人，也难怪宝玉总是不屑见他。

曹雪芹费了这些笔墨写这一回，恐怕并不只是为了告知读者薛蟠的性格，更重要的，我认为是道出了当时整个社会颠倒黑白、谄媚权贵的黑暗。那样的社会背景下，少数权力者享乐，多数平民被欺压，又何尝不是暗示了大观园里的春意盎然和干净纯粹根本不会长久。当元春离世，家族没落，便"呼啦啦似大厦倾"，应了《好了歌》的"到头来都是为他人作嫁衣裳"。但其实，大家总是会忽略，这件案子里，本应该最关注的，也是最可怜的，也只是一个英莲。年少时被拐，好不容易要觅得如意郎君时，又横生出一个薛蟠。

若不是看到这一回，只怕后面再看书中对香菱为人处世及性格的描写时，再想不到她这样一个善良单纯、与世无争的人会有这样一段伤心的往事。命运对香菱开了一个大大的玩笑，她没有一点反抗的权利，甚至要将自己麻痹，让自己忘了薛蟠对自己的伤害，忘记曾经本可以获得的幸福生活，转而尽心尽力地服侍薛姨妈一家。这样的香菱，让人心疼，更让人心凉。

而不论怎样，那些贾府中其他豆蔻年华如水一般"清净洁白女儿"，不管最后结局如何，她们也都在自己最好的年华里绽放着，有过吟诗作对、斗草簪花的少女时代，便已值得我们记住。

《红楼梦》第六回。少时看刘姥姥，觉得她不过是贾府这样一个大家族的一个穷亲戚，虽是亲切可爱，但总归是有些"傻"，总是被王熙凤她们当作"女清客"，因此也并没有对她产生太多的印象。而现在，当我们慢慢开始进入社会，了解了一些人情世故，才发现刘姥姥的处世方式不过是有些"大智若愚"罢了。

面对比自己强的人，适当的示弱和赞美，不仅给足了他们面子，也获得了一笔数目可观的生活资助。

若不是刘姥姥处世圆滑得体，凭什么盛极一时的贾府，会特别关照这样一个贫苦的老百姓，难道仅仅是因为她与贾家"连了宗"吗？未必吧。这一回中，同样出彩的人物必然还有一个王熙凤。面对自己从未听说过的，比自己要年长的所谓的"亲戚"，她仍可以将主动权牢牢地握在自己手上。刘姥姥进来时，她"抬身要茶时，只见周瑞家的已带了两个人在地下站着呢，这才忙欲起身、犹未起身"，并"满面春风地问好，又嗔着周瑞家的怎么不早说"。

如此一来，既避免了自己行礼可能出现的礼数不周，又让刘姥姥有足够的时间向自己行礼，赚足了自己作为管家的虚荣心。之后，在刘姥姥的面前游刃有余的应付贾蓉，并不露声色地表现出"我们王家的东西都是好的"的骄傲，进一步地给刘姥姥留下了一个优秀的管家形象。在刘姥姥马上就要点明自己来的目的时，她又巧妙地转移了话题，将刘姥姥支走，询问了王夫人的意思后，才继续应付。但就是在"施舍"的过程中，王熙凤的说话方式也让人佩服，一句"外头看着虽是烈烈轰轰的，殊不知大有大的艰难去处，说与人也未必信"，让刘姥姥先失望，之后才拿出"给丫头们做衣裳"的20两银子送给刘氏。如此一来，受赠之人对赠予者的感激之情便不只是因为"雪中送炭"，而且还有在他们也困难的时候能资助自己的感动。不得不说，这一回中王熙凤所展现出来的治家和应付人际关系的能力让人十分敬佩。

其实，管理一个企业，甚至一个国家，又何尝不是这样呢！《红楼梦》的伟大之处便存在于此，以家庭、闺阁间的繁杂琐事，启发人们对整个社会的感悟，值得我们用一生的生活经历去慢慢体会。

《红楼梦》第八回，照样是没什么重要的事情发生，仍是对贾府生活细节的描写，最突出的，便是宝玉与宝钗的"比通灵"了。这一事件，也是"金玉"的起源。宝钗的心机深厚在这一处也得到了体现：先是问宝玉要那灵通玉来看，将那上面的字"念了两遍，乃回头向莺儿笑道：你不去倒茶，也在这里发呆做什么？"自己不便说出口，便巧妙地借莺儿之口，说出和她项圈上的字是"一对"，让宝玉明白她的心意。只可惜宝玉一心在黛玉身上，并没有在意。"莫失莫忘，仙寿恒昌""不离不弃，芳龄永继"两句看似吉利的话，当读完整本书，却觉得如此讽刺。既然宝玉对黛玉"莫失莫忘"，那么当黛玉香消玉殒，"仙寿恒昌"又有何意义？宝玉既对黛玉"莫失莫忘"，那么宝钗"不离不弃"又是何苦？更别说"芳龄永继"，是多么的虚无、不可实现。若是不细读这两句话，我们恐怕会以为这真的是"天意"让宝玉和宝钗在一起，而实际上，这只不过是一段悲情的镜花水月罢了。在之后的情节中，最令我喜欢的，就是黛玉"悄推宝玉，使他赌气"了。她不像那种大人眼里的"乖宝宝"，只会顺从长辈的心愿，而失了自己的灵气。她明白什么时候该玩乐，什么时候该克制，这就够了。宝玉喜欢的，就是这样灵动的女子，有自己的想法，有自己的做派。这一回中，宝钗的心机，黛玉的真实，便充分地对比展现在读者的面前了。

"秦可卿死封龙禁尉"。秦可卿的形象在之前的章节中都是贤惠、能干的，也深得其公公贾珍和婆婆尤氏的欣赏和信任，更是让精明能干的王熙凤引为好友。在她的眼中，理家的能力能让她佩服的，怕是只有探春和可卿了。然而其实，初"见"秦可卿时，年少的我便觉得她的行事风格和房间布置有些怪，少了些大家闺秀的淡雅情调，却充满了香艳奢侈的庸俗之气。

无论是"武则天当日镜室中设的宝镜"，还是"飞燕立着舞过的金盘"等，都让她的形象不似其他姑娘太太一样，至少看上去"清净平和"。这也正应了判词中对她的评价"情天情海幻情身，情既相逢必主淫。漫言不肖皆荣出，造衅开端实在宁"，第一句的三个"情"字，强烈地衬托出她关于"情"的"缘分"；她与公公的乱伦，让很多读者都为之愤恨。但从古至今，若是一个女子与一个男子有了不正当的关系，人们多半都会去批评那个女子的"不守妇道"，抑或是攻讦为"狐媚妖术"，是红颜祸水，祸国殃民。而对于男子，则是简简单单的一句"被迷惑"就可以被宽恕。

可是多少人又想过，古时候养在深闺中的女子，她们有多少能够知道怎么样才是真正地辅助自己的夫君，怎么样才不会影响更多人的幸福。对于秦可卿来说，她看似光鲜亮丽，是贾府的少奶奶，有万千宠爱，可其实，她背后没有一个有实力的人能够真正保护她、支持她，她也只是一个可怜的人罢了。面对自己公公的威逼利诱，她一个弱小的女子，又如何能抵抗得住。

到最后，忧郁至死，连身边知情的小丫鬟也不得不一个一头撞死，另一个甘心做了她的义女。

秦可卿的死，更加深刻地揭露了封建社会女子的地位低下，也更让我们看清了贾府"烈火烹油、鲜花着锦之盛"表面下大多数权力的掌握者肮脏的奢侈生活，认清了封建社会的吃人本质。

坚强与执着地《活着》

读完余华的《活着》之后，终于明白这本书能畅销全世界的原因了。它是一部中国近代工农阶级的生活写照，那个时代的生活让余华写出了不一样的魅力，虽然那样的生活离现在的每个人都非常遥远，但是作者笔下主人公对生活的态度引起了我们对活着的反思，它不仅仅是针对下层的普通人民，甚至对整个社会都有启发的作用。

这是非常生动的人生记录，这不仅仅是中国人民的经验，也是我们活下去的自画像。这里讲述的不是关于死亡的故事，而是让我们学会如何坚强地活下去。

《城南旧事》
——童稚的眼睛看成人的世界

　　我一直想看看林海音的《城南旧事》，今天有机会阅读了第一章《惠安馆》。叙事的文字打开了我对这本书的好奇心。

　　一开始的文字，很朴实，作者也很用心写着她童年发生的故事。故事的题目惠安馆，是他们所居住胡同的最前一家，三层石台阶上去，就在那儿。

　　门上横着一块匾，好像在书中还曾叫"飞安会馆"。这些朴实简单的文字也慢慢详细地交代着当时的背景，让我越往下读，越觉得有趣。夏天过去，秋天过去，冬天又来了，骆驼队又来了，但是童年一去不还。作者描述着她童年所居住过的那个地方，让人也不禁感受到那个年代的氛围。运用人物和细节描写，让我特别喜欢书中作为主角母亲的这个角色。

　　一开始除了主人公几个人物，还交代了一个特别人物，就是惠安馆的疯子，这个人物的出现也让我十分好奇，后面究竟会怎么样去推动主线发展。

　　文中还谈到了爱情，出现了主角喜欢的人，叫秀贞，在作者的描写下，倒是一个朴实可爱的女孩，我喜欢她的温和。

　　但是没有想到的是，秀贞竟然是一开始的那个疯子。"小跨院里面只有这么两间小房，门一推吱吱扭扭的一串尖响，那声音不好听，像是一根刺扎在人心上。"我喜欢这样的描写，故事中描写主角和秀贞两个人在一起看小鸡吃米，后来又一起玩别的，两个制钱穿在一根细绳子上，手提着，然后两个制钱打在鞋帮上哒哒哒的作响。一下午的快乐，不知道要玩到多久。

这是作者对童年的回忆。两个人惺惺相惜，两方的家长倒不是很乐意，总觉得出去玩太久了，不是很好。从惠安馆，到这里，又到那里，都在一起。

时间就这样过得如此快，好像一个闪电过去那么快。

但作者用孩童的眼光看周遭的一切的写法，不带评价，活跃在故事中只有英子所知道的、所听到的，是非对错简单明了。这反而让我在读的时候忍不住跳出"本应该"的想法，去想想这些事背后的"大人们"在做什么。有些情节可能理解不够深刻，却忍不住回想。大体来说，每个小章节都有离别，所以有种淡淡的哀伤在里面，有被迫向前看忘记过去的离别，有几面之缘的匆匆过客等。

总觉得这本不厚的书应该仔细品味一下，推荐给大家。

《麦琪的礼物》——当爱情跨越贫穷

　　它叙述了一对穷困的年轻夫妻互相赠送圣诞礼物的故事。小说一开始就渲染了女主人公德拉在圣诞节前夕的烦恼。

　　书中极力描写他们的贫穷，更好地突出了德拉与吉姆之间纯洁、坚贞的爱情。德拉为了给吉姆买一条白金表链，让吉姆能在众人面前自豪地拿出祖传的金表看时间，卖了自己一直引以为豪的长发。而吉姆为了给德拉买一套她喜欢很久的梳子，卖了自己的金表。就这样，两人买给对方的礼物都没有派上用场。我不禁为这个结局而感到遗憾，但同时心里也涌起一股甜蜜的感动。

读《淘气包马小跳》

　　说实话，作者杨红樱的书确实挺好的，既可以从中获取知识，又可以从中得到乐趣，她的书富有教育意义，也有童心。

　　困难其实就像是对我们的锻炼，如果我们解决不了困难，那么，我们就不会得到提升。如果我们没有得到锻炼，那么，我们的内心也就无法真正成长起来。这本书，我以前就阅读过，每次阅读都能被书中的人物深深吸引。里面的每一个人物都有自己独有的特征，废话毛超、河马张达、企鹅唐飞、漂亮女孩夏林果以及同桌冤家路漫漫，这些人物无不衬托着马小跳，并丰富了剧情。马小跳经历了许多坎坷，获得了许多快乐，也有一些痛苦，但马小跳总是开心面对，笑着面对，快乐面对。

　　一个快乐的童年必然是要经历烦恼和磨炼的，我喜欢故事中主人公的童年，虽然他看起来并不是那么的现实，但却有足够的写实。

迤逦人世间,《乖,摸摸头》

　　《乖,摸摸头》这本书就是以大冰年轻时在拉萨和丽江的生活经历为基础撰写的,讲述的是期间他所遇到的有趣的人、有趣的事。

　　《乖,摸摸头》中写的第一个小故事,讲述作者年轻时组织的一次讲座,慷慨激昂的采访打动一个嘉宾,也就是后来叫"杂草敏"的女孩,她便辞职来追寻梦想。作者生活不拘小节,家里经常"翻山倒海"。"杂草敏"就会像恨铁不成钢的母亲一般替他收拾屋子。在作者的一次爬山中,遇到了危险,也是她寸步不离的照顾。这个小故事,读起来很暖。

　　《乖,摸摸头》的第二个小故事。讲的是主人公老兵,曾是侦察营营长,在20世纪80年代的国境线上,他是战斗英雄。老兵经营着一家生意火爆的烧烤店,作者与他属于惺惺相惜。在一次喝醉后,从他嘴里套出了那场惨烈无比的战斗。这个故事给我最有感触的也是对这场战斗的描述,许多人就这么牺牲了。为国征战时,极端恶劣的雨林,枪炮无眼,时刻躲在黑暗中的敌人。老兵最后九死一生,顽强地活了下来。后来开店经商又散尽家财组建民间消防队。如文中所说,他永远在用他的方式护持这个世界。

　　果然,有趣的灵魂都会相互吸引,迸发出炫目的火花。这本书,让我总想着一口气读完,我觉得那样才能算是"过瘾"。这本书记录着大冰十余年的江湖游历,以及他和他的朋友们的爱与温暖的传奇故事。

《我与地坛》——在宁静的地方思考生死

　　《我与地坛》的作者是史铁生，这是我喜欢的一个作家。"在人口密集的城市里，有这样一个宁静的去处，像是上帝的苦心安排。"我想，这就是地坛对史铁生的意义吧！史先生时常独自一人去地坛，那个园子，给了他冥想的环境，独处的魅力对于他来说是那么大。在那个古园，他思考生与死，"所以死是一件不必急于求成的事，死是一个必然会降临的节日"。这便是史先生在地坛所得出的结论。

　　史先生的文笔是我很喜欢的，虽然我的理解不见得深刻，但是我很喜欢。现在我们也许很少会有那么一个安静的环境去独处了，但是我们还是要学会独处。独处不是远离世事，它是反思。毕竟林徽因曾说"真正的宁静不是远离世嚣，而是在心中种菊"。独处不是逃避，而是自我反思。

　　史先生在截瘫之后，就往地坛去的更勤快了，而他的母亲虽心存担忧，但为了排解儿子心中苦闷，只能自顾自地担忧。在母亲离世后，史先生才发觉那时候的母亲是怎样的焦虑啊。母亲对艰难命运的抗争，母亲坚忍的意志，以及她那毫不张扬的爱，在史先生的印象中越来越深刻。

　　我也被那毫不张扬的爱所感动，母亲细心体贴，对孩子的爱像春风，像春雨。她不会由于担心，就抹杀作者的独处，她不会用自己的爱把孩子捆住，这母爱是最纯真、最无私的爱。为什么这样说呢？我们一定听过"妈妈都是为了你好"这句话吧。一些家长以爱之名，让孩子满足自己想成为的样子。殊不知，这些爱，在孩子们看来，有些承受不起。

《悟空传》
——对《西游记》的大胆改编

　　这部小说的作者对四大名著之一的《西游记》进行了大胆改编，书中的唐僧师徒四人不再像名著中的那样。

　　先说猪八戒，他是一个痴情种，默默地看着他所爱的人做事情，看了八十万年，虽然神仙的寿命很长，但是他能看这么长时间没有厌倦，足以说明他的爱是如此的深。最后他因为扶起他爱的人，被打下了天庭，为了不忘记他所爱的人投了猪胎。他的坚持让我感动，又十分伤感。

　　然后是沙僧，他是在天庭兢兢业业工作的人，可是因为他不会趋炎附势，所以被所有人排挤，最后他们借孙悟空大闹天宫时，沙僧不小心打破了琉璃灯的事情，把他贬下凡间。

　　当沙僧怀着一颗只要他找回琉璃灯就可以回去天庭的心努力了五百年后，可却又被王母打破了梦想，他发现自己被骗了，他怒了，疯了。可是没有用，其他人都背地里冷冷一笑。想想好可悲，也不知道应该怎么说这样的感觉。

　　在初三的时候，有一段时间迷上了在网络上看小说，尤爱客串了大圣的作品，毕竟小时候，大圣也是我的偶像。

　　后来有幸在网上发现了《悟空传》，当时也没想太多，直接就开始阅读了起来。初读第一章，是师徒四人的日常，只不过在作者的笔下，给我的感觉像是恶搞的日常，看起来像极了当时网上网文普遍的搞笑套路一般，所以读完《悟空传》第一页，我并没有太多感觉。越往下读，我才愈发发现这部作品的不得了之处。今天先暂且不提书内的内容，就谈谈从初读这本书直到现在它给我的影响有多大。

自从第一次读完这本书，这本书就已然变成了每逢他人向我询问有什么好书推荐的时候我必定力荐的一部书。初中到高中周围认识的同学，朋友都被我"安利"了一圈，但凡去看了这本书的人都给出了极高的评价，有话说"一千个读者就有一千个哈姆雷特"，我想用在这本书上也不为过。从第一次看这本书直到现在，基本上每年我都会重温这本书，因为这部作品可供琢磨、思考的部分实在是太多了——它的每一个角色、每一处场景、每一段回忆、每一段故事都令人回味无穷。每重温一次，我就愈发佩服作者的思想的深邃。

每读一遍，我都能读到以前所没领悟到的。这真是一本读不腻的书啊！这本书算是我重读次数最多的一部作品，每一部作品或多或少都有它的经典语句，但这本书，如果可以的话，它的每一句话你都可以反复默读，推敲思考它所想表达的意思。我觉得一部作品可以让你陷入沉思，让你的思维活跃起来，那它就是一部不错的作品。

《人生海海》，活着最重要

　　读第一章，开始有许多自然风光的描写及主线人物的介绍。但是，文中对村里四季风光的描写，使我感受到了这个村落的古朴气息，同时也感觉到作者应该是个细心观察生活并且热爱生活的人。

　　"听，太监回家了。"这时主人公出场了，但又有人叫他上校，所以此时我产生了极大的阅读兴趣。看到后面才知道他为何叫上校，因为他当过兵，十七岁当兵，打过许多胜仗。而"太监"却是因为他的下体被老鬼子的大洋刀刺中（但这都只是村中人的猜测），但大多数人还是以"太监"称呼他，而只有我和父亲称呼他上校。上校是个怪胎，起码从村里人的视角来看。上校的怪有以下几点：一是他当过国民党兵，理所当然是反革命分子，是政府要打倒的人，革命群众要斗争的对象。二是他是太监。三是他向来不出工，不干农活，不做手工（包括木工，他的老本行），不开店，不杀猪，总之什么工作都不做，天天在家里看报纸、嗑瓜子，可日子过得比谁都舒坦，抽大前门香烟，穿三接头皮鞋和华达呢中山装。更气人的是，他家灶屋好像公社食堂，经常飘出撩人的鱼香肉味。四是他养猫的样子，比任何人家养孩子都还要操心。

　　书中的"我们经常这样数落'太监'和他老母亲，我和表哥的友谊也因此变得更加深厚牢固，好像我们有一个共同敌人，我们必须团结一起，不弃不离"。对我感触很大，因为我感觉这样不好，人们总喜欢风言风语，甚至是小孩子也在长辈的影响下对一个毫无关系的人抱有敌意。人们总是习惯于随波逐流，无法跳出自己本来的认知，把自己局限于固定的条框中。而上校却是一个与他们不同的人，文中上校因救人而安慰被救之人的一句话："喏，给你，不就是几块钱的事嘛，值得用性命去抵。世上命最值钱，我被人骂成太监都照样活着，你死什么死，轮不上。"真的，听到这句话，有点莫名的心疼上校，但上校以自身痛苦开导别人，使我更加地敬佩他，因为他完全不在意他人的看法，不活在他人的观点之下，豪爽豁达，待人以善。我觉得现代很多人都是这样，很在意他人的看法，毫无自己的主见，渐渐地活成了"他"。

书中九岁的"我"听着上校讲故事，有时面对有些超出这个年龄段的事情而不能很好地理解。他所发出的感慨"问题沉下去，沉得太深，沉到海底，我们哪里捞得着？我们只见过水库"，让我深刻地体会到了眼界的重要。你的眼界决定你的格局，又好似看书一般，等过了一定的年龄你再回头看同一本书，肯定会有不同的感受与感悟，而且随着我们不断成长和认识的不断提升，对事物的看法也早已完全不同。文中上校的多个故事中最让我感动的就是其中关于一位父亲的故事。那时上校被抓去挖煤，遇到了塌方，而那位父亲的两个儿子都被堵在坑道里，父亲苦苦哀求别人挖塌方，但十几天还是没有挖开，那位父亲却一直坚持，直到死在坑道里。父爱是多么的伟大而又沉重，他总是那么的隐晦而又不露声色。

书中作者说："什么是战争？就是活一天算一天，一天等于一生世，得空就要快活，及时行乐，死了不冤。"真的，看到这里，我非常庆幸自己生活在和平年代，也非常感谢祖国的强大，如今人们安居乐业，战争离我们有点儿遥远。但在抗日战争时，人命如草芥，想着那时革命先烈的艰苦奋斗，用命换来的中国，这是多么的伟大而又惨烈。同时文中的"人啊，心头一定要有个怕，有个躲。世间很大，天外有天，山外有山，不能太任着性子，该低头时要低头，该认错时要认错"。是的，人都应该有个怕，这我非常赞同，因为现在未成年犯罪的事件已经不新鲜了，但是为什么会这样，我觉得正是他们心里没有一个怕的人或事，他们没有畏惧，才导致无法无天。

书中以"我"用一个孩子的口吻讲述上校被抓去批斗的情境，原因是他曾经参加过国民党军队，可是他们却不知道后面上校又加入了解放军，还带领队伍打了许多的胜仗，后来他当军医时又救了无数的官兵，这是只谈曾经不说未来的批斗。

书中上校被人诬陷为太监，而上校为自己辩护的那句"有些人的心是黑的，存心用来害人的，有些人的嘴是专门长来造谣的"。我想到社会舆论的可怕，它可能杀死一个人，曾经看到过一句话：文化是根植于内心的修养，替别人着想的善良，无语提醒的自觉，以约束为前提的自由。所以我认为大家之所以善良，是因为有了约束，不应该做那些不好的事情。书中上校逃出来时，对他的外貌描写"月光下，他面色是那么苍白凄冷，神情是那样惊慌迷离，步履是那么沉重拖沓，腰杆是那么佝偻，耷拉的头垂得似乎要掉下来，整个人像团奄奄一息的炭火，和我印象中的他完全不是同个人——像白天和黑夜的不同，像活人和死鬼的不同，像清泉和污水的不同"。看到这我真的非常心疼上校，以前的他是多么的意气风发、侃侃而谈，曾经英雄事迹和精湛的医术让他的人格更具魅力，这样一个英雄，没有死在险象环生的战场，却可能要死在了他人之口，可悲可笑⋯⋯

小说的第二部分有点儿压抑。上校逃走后被通缉，而"我"和"父亲""爷爷"都是最后遇到上校的，村里又传"我"父亲与上校为共犯，而爷爷出于面子到最后受不住舆论检举了上校，上校被抓。而文中对爷爷的一句描述"正因为不懂法律，法律的威严被爷爷无限放大，压得他抬不起头，喘不了气，惊恐得要死"。人的恐慌总是来源于未知，以及未知所带来的想象，想象空间最是无限大。

这本书的第三部分，"我"已经长大了，已然到了中年，我从西班牙回来了。当初为了逃避爷爷的错误，"我"被父亲送走了，我受到了许多苦难，但依然坚强地活着，并且趁着改革开放的时光做起了生意，往返于西班牙与中国。但是第一次回家时，家里只剩下了父亲，其余人都死了。正如父亲所说，这村子是克他们家的，幸好"我"被送走了。

看完了这一本书，我觉得其实有很多地方都写得很好，也产生了很多的感触与感悟，我也连续写了多天的观后感。我之所以那么久才看完，是因为我觉得好书应该多磨。而整本书，我最难忘的是那句："记住，人生海海，敢死不叫勇气，活着才需要勇气。"这让我想起了《活着》里的福贵，亲人都相继死去，每一个亲人都是他埋葬的，但是他依然活着，勇敢地活着。

《我们仨》
——感受杨绛先生的积极与乐观

　　这是 92 岁高龄的杨绛先生用心记述了他们这个特殊家庭 63 年的风风雨雨、点点滴滴而结成的一本回忆录。而我在读这本书时，内心的触动是无法用言语描述的。一生的伴侣、唯一的女儿相继离去，杨绛先生晚年之情景非常人所能体味，但她却积极乐观，用一个个温馨的琐事诉说着自己的思念。在这部作品中，他们一家确实是平凡的不能再平凡的家庭。正如书中所说："'我们仨'其实是最平凡不过的。……我们这个家，很朴素；我们三个人，很单纯。我们与世无求，与人无争，只求相聚在一起，相守在一起，各自做力所能及的事。"然而正是这些平凡的琐事却告诉我们，中国知识分子不平凡的精神与风貌。在读完这本书后，我是十分敬佩杨绛先生的，敬佩她在经历了人生的大喜大悲之后却依旧能保持一颗平凡的心。

第六篇

外国文学

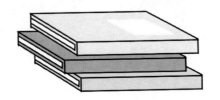

《小王子》——永恒的童话

　　叫作小王子的书很多，而由圣·埃克苏佩里写的《小王子》是我读过的最可爱、最温柔、最纯粹、最深邃的永恒童话。"在人群里，我们也是孤独的。""我呼吸过远洋的风，我在唇梢尝过大海的味道。只要品尝过那个滋味，就永远不可能把它忘记。我热爱的不是危险。我知道我热爱什么：我热爱生命。""当人类与各种障碍互相较量，他才慢慢发现了自己。""我本来不喜欢麦子，因为我不吃麦子，听到风吹麦浪的声音也不在意，但是如果你驯养了我，看到麦子我就会想起你的金发，听到风吹麦浪的声音就会开心。"纯粹而深邃，干净且明亮，悲伤又勇敢。小王子最后还是明白了玫瑰的爱，但是圣·埃克苏佩里永远消失在了天空。一个非常温暖的故事。

　　《小王子》是一本可以清澈心灵的童话书，让我深受感动。正如书中所说的：水对心是有益处的。它就如水般澄清透彻，使人安宁并且心生暖意，让人静谧如幽谷的清净。童话也许就是对平淡生活的一种恩赐，给予你生活的纯真与美好、简单与清澈。

从《傲慢与偏见》到彼此爱恋

  "傲慢"来自男主人公达西，"偏见"来自女主人公伊丽莎白。"初次印象"是不可靠的，而偏见又比无知更可怕。故事开端第一句话："有钱的单身汉总是要娶位太太，这是一条举世公认的真理。"这句话简直就是贝内特太太的至理名言，她热衷于一件事情，就是把自己的女儿嫁给有钱人，每遇到一位"有钱的单身汉"，她便将其视为自己某位女儿的"合法财产"。这不，来了位有钱的邻居宾利，贝内特太太赶紧催促贝内特先生去拜访他，抢占先机，把女儿们介绍给他。

  在一个舞会上，备受瞩目的宾利先生出场了，与其同行的还有我们的男主人公达西先生。宾利先生和达西先生形成鲜明的对比：宾利先生，生机勃勃、无拘无束、热情洋溢；达西先生，自高自大、目中无人、不好逢迎。

  一场舞会把达西先生的"傲慢"描述得淋漓尽致，"她还过得去，但是还没漂亮到能够打动我的心。眼下，我可没有兴致去抬举那些受到别人冷落的小姐"。

  我觉得玛丽说的这段话很对，"骄傲是一般人的通病，因为有了某种品质，无论是真实的还是假想的，就为之沾沾自喜。一个人可以骄傲而不虚荣。骄傲多指我们对自己的看法，虚荣多指我们想要别人对我们抱有什么看法"。关于达西不与当时的陌生人（伊丽莎白）跳舞就被伊丽莎白厌恶，当时宾利小姐都有解释过："他一向话不多，除非跟亲朋好友在一起。他对亲朋好友就异常和蔼可亲"。可惜呀，伊丽莎白道："假使他没有伤害我的自尊，我会很容易原谅他的骄傲。"人哪，总是先以自己的利益为主，这该死的第一印象啊，这该死的偏见啊，我的男女主人公啊。

全书以班纳特一家的日常生活为主体，叙述了四对青年男女的婚姻爱情纠葛，并以伊丽莎白为中心线索，详细细腻地刻画了其内心世界的感情变化，展现了十八世纪、十九世纪之交英国乡村城镇的婚恋和生活状况——日常生活安逸闲适，既和谐美好，又充满阶级隔阂，暗藏心机。全书语言极富感染力，又蕴藏哲理，生动贴切地展现了各个人物的特点，人物刻画得惟妙惟肖，呼之欲出。景物描写多展现山川美景，营造一种美好闲适的氛围，烘托人物心理。情节起伏跌宕，摇摆不断，精彩纷呈，引人入胜，行文自然如流水。

全书通过描写伊丽莎白对达西由偏见到爱慕，以及达西由傲慢到逐渐改变，二人最终喜结连理，紧扣文题，向读者呈现了一场扣人心弦的爱情故事，表达了作者对美好爱情的向往和祝福。书中各种人物"琳琅满目"，既有聪明伶俐的丽翠，又有傲慢正直的达西，还有善良温柔的吉英和英俊痴情的彬格莱，以及其他一些或自负傲慢，或愚蠢敏感之人，表现了作者对善良美好的赞美祝福，对愚蠢傲慢的批判讽刺，以及对阶级隔阂和拜金主义赤裸裸的揭露。

全书的结尾也可以印证这一点。尽管结尾部分略显平淡烦琐，却又似乎非此不可，皆大欢喜的结局，一如既往地传递着美好与祝福。

之前看过一点儿中文译本，但总觉得翻译水平偏生硬，让人一看就知道是翻译过来的。毕竟一门语言，总是会有只可意会，不可言传的地方的；一个很容易理解的单词，被翻译过来的时候，却总是会感觉少了些灵气，失了原来的活泼之感。在读英文版小说时，我便深切地感受到了，男女主人公看待对方或是对方亲人的眼光，是如何一步一步慢慢地从充满偏见，到误会消失。对于一个富有的绅士，如果他待人冷淡，那么世人便会认为他瞧不起别人；一个贫穷的平民，若他与一个比他有钱的人做朋友，那么人们又会认为他是嫌贫爱富。世俗的偏见让我们戴着有色眼镜看人，而忽略最重要的性格。因此，无论对于一件事情，还是一个人，我们都要更多地关注本质，去发现别人看不到的地方，去感受不一样的世界。

在《悲惨世界》中带给世界以光明

　　《悲惨世界》是由法国文学巨匠雨果所著的一本小说，堪称法国浪漫主义文学的代表作。通过对人物极致的描写，描绘了作者自己的理想世界和理想的人。《悲惨世界》讲述了冉阿让的一生，并融入了法国接近半个世纪的历史，刻画了众多给人印象深刻的经典人物形象。文中的冉阿让虽然一开始只是为了给侄子食物偷窃过面包，他后来也在教堂中偷窃过，那时他确实是一个罪犯，但因为教父对他完全赦免般的帮助，他便如同受到了救赎一般，从而改变了自己最初对这个世界的憎恨，重拾自己的信仰，以至接下来的一生冉阿让都在努力让自己变得更加善良。

　　冉阿让并非完美，但显然他就是作者心目中理想的那个人，冉阿让就是一个在悲惨世界中能够给世界带来光明的人，他是一个象征，也代表着一种境界，同样地，那其实也是我们也能够达到的一种境界。

《海蒂》——唤醒人性的良善

　　本书的主人公海蒂，在她小的时候父母亲便去世了，由姨妈抚养长大。这一天，小海蒂被姨妈带到阿尔卑斯山脚下的一个小村庄——梅恩菲尔德来找海蒂的爷爷。原来是姨妈找到了一份新工作，由于以后要忙于工作，不能再继续照顾小海蒂，只好将她交由爷爷照顾了。小海蒂是一个热心肠的姑娘，热爱生活，热爱自然，对周围的人也充满着爱，时常帮助他们，带给人们许多快乐，因此深受人们的喜爱。就连平时看起来抑郁的爷爷也因小海蒂的到来而逐渐变得开朗起来。后来，小海蒂又被姨妈带走了，来到法兰克福的一户有钱人家，给坐在轮椅上 12 岁的小姑娘克拉拉当玩伴。

　　可是，归属于自然的小海蒂本身就不能适应这里，即使她将克拉拉带出了孤独，但她自己也深陷思乡的情绪，从而精神恍惚，日渐消瘦，甚至出现了梦游的症状。幸好克拉拉的爸爸将小海蒂送回了家乡，回到了高山牧场的小海蒂又重新和爷爷居住在一起。

　　爷爷在众人眼中是个怪人，在小海蒂到来之前与周围的人格格不入。这一次在牧师的劝说下，小海蒂和爷爷搬回了村子里，过起了和村民友好融洽的生活。在小海蒂走后，克拉拉又回到了以前孤独的日子，心情一天比一天差，她的父亲见此便将她送到海蒂的家乡。果然，在小海蒂的帮助下，克拉拉的心情又好了起来，克拉拉也变得活泼开朗，甚至这个一直坐在轮椅上，未站起来过的小姑娘也双脚踩地站在了阿尔卑斯山上。

《月亮与六便士》的欲望抉择

　　月亮象征理想与崇高，六便士象征现实与卑微。很多人说，向现实低头、选择六便士，是因为现下生活所迫，生活迫使你为了活下去，放弃一切。事有缓急，物有本末。我们说，铁比棉花重，难道是说一颗铁钉比一车棉花还重吗？缓急和本末，真的会影响轻重本身吗？

　　富贵人家有富贵人家的活法，莫砺锋的赠内诗曰："君轻富贵若浮尘，我亦人间澹荡身。淡饭粗茶皆有味，轻裘肥马是何人。"谁能说他们的心中明月不神圣呢？理想有时需要向现实妥协，但不代表心中不能有一弯明月。月亮是崇高的，从古至今，在各种各样的生活里，一直都是崇高的。

　　看别人对此书的评论，说书中对女性有歧视。私以为，在《月亮与六便士》当中，思特里克兰德之所以对女性呈现出讥笑讽刺的态度，也许与他矛盾冲突而又极富热情的灵魂有关。

　　对他而言，过了不惑之年后，他只是单纯地想要画画而已。想要一种冷静克制的能力，不被欲望所驱使。但是，思特里克兰德还不能完全地摒弃存在于灵魂之中的欲望。而这种欲望会破坏他想要的冷静自持，使他不能完全脱离于"皮囊"，这对于他而言是痛苦的。思特里克兰德看透了当时女性对于男性的依附（宛如菟丝子一般）。以他偏执孤傲的性子，故多讥讽之语。

　　不得不说，这个主角的人格魅力深深地吸引了我，跟高中看的感觉完全不一样，不同的人物有自己独特的生活方式，正如六便士一样，在扮丑之时，是对灵魂的态度，也是对生活的希冀。

我们都是《追风筝的人》

这本书已经出版许久，也受到很多人的喜爱。作者，他已经写出了他想告诉我们的，而我们大多数人也能从书中看到熟悉的我们。正如书中所说的那样，我们总喜欢给自己很多理由去解释自己的懦弱，总是自欺欺人地去相信那些美丽的谎言，总是去掩饰自己内心的恐惧，总是去逃避自己犯下的错误。但事实却是，总有一天，我们不得不去面对我们自己所酿成的这些"罪恶"，去进行弥补，从而使自己的内心得到救赎。

书中的主人公阿米尔和哈桑是两个无话不谈的好朋友。两人是主仆关系，性格也明显不同，也正是因为阿米尔懦弱的性格，不敢挺身而出帮助被小混混们欺负的哈桑，从而使得两人的友谊逐渐走向了终点。胆小的阿米尔为了不被父亲责骂，最后还推卸责任给了哈桑，可哈桑并没有拆穿这一切，正如他寻找风筝前对阿米尔所说的"为你，千千万万遍"一般。

成年后的阿米尔最后将哈桑的孩子从当年欺负哈桑的混混手中救了出来，以此来弥补自己对哈桑的亏欠和让自己的心灵受到救赎。或许我们大多数人都和阿米尔一样，会为曾经懦弱的自己而陷入深深的自责和愧疚中，又在这之中徘徊，为之焦虑和不安。

《灵魂只能独行》
——追求高贵的精神生活

　　帕斯卡尔说：人是一个被废黜的国王，否则就不会因为自己失了王位而悲哀了。其含义是人类高贵的灵魂必须拥有配得上它的精神生活。或许在许多人眼中，理想、信念、灵魂生活都是过时而空洞的。但我认为，每个人的生活质量取决于自己灵魂的质量。一个经常在阅读与沉思中与古今文豪倾心交谈，与一个沉湎于歌厅、肥皂剧、庸俗小报的人，他们两个人绝对是生活在不同的两个世界。如果一个人只知道吃睡和赚钱，那他一定会被别人嘲笑没有灵魂。灵魂好像一直都不满足现状，就是在不断追求高尚的东西。

　　人的高贵在于灵魂，作者在一个列车上遇见一个少女。她捧着一本书，全神贯注地读，还时不时拿起笔记本来写东西。我羡慕埋头读书的这个少女，无限缅怀渐渐远逝的有着同样追求的我的青春岁月。生存斗争的压力和物质利益的诱惑，让我把眼光和精力投向了外部事件，不再关注自己的内心生活。其结果是灵魂日益萎缩和空虚，只留下一副躯壳。对于一个人来说，没有什么比这更悲哀的了。生活的质量取决于灵魂是否在场。当我们灵魂中独特的一面与我们所从事的工作相融合时，我们发现本性与勤奋结出的是甜蜜的果实，它可以医好一切创伤。不满足的人比满足的猪幸福，不满足的苏格拉底比满足的傻瓜幸福。正是在不满足的现状下，人们开始不断地追求。

《明亮的泥土》
——重新了解色彩和颜料的世界

　　19世纪中期出现了一种叫"骨螺紫"的紫色染料，它是从秘鲁海鸟粪中提取出的尿酸合成的，那些凝固的鸟粪沉积物中富含尿酸。"骨螺紫"也曾被作为"罗马紫"售卖，企图借"骨螺紫"的传奇来借势营销。这种营销手段似乎是有作用的，在时尚行业的引领推动下，紫色在该世纪流行起来。尿酸合成的"骨螺紫"还有一种替代品——"法国紫"，这是某种欧洲地衣的天然提取物，色彩浓郁且不易褪色。这种物质与中世纪染匠的染色巴豆有关，也与酸度指示剂石蕊有关，根据固色剂的不同，它的色相可以是从蓝色到红色不等。

　　这种染料可以在没有媒染剂的情况下应用于丝绸和羊毛，当19世纪50年代后期发现了应用于棉花的媒染工序之后，人们对"法国紫"产生了极大的热情。此后"法国紫"有了新的名字——"锦葵紫"，"锦葵紫"成为高级时装的色彩，流行了很长一段时间，19世纪50年代末至60年代初成了"锦葵紫十年"。

　　当苯胺用氧化剂处理时，会产生紫色和红色染料，它们可以附着在恰当媒染的丝、羊毛和棉上。

　　德国化学家霍夫曼算得上是当时对苯胺最了解的人，他曾担任伦敦皇家化学学院的首任院长。霍夫曼首先阐明了苯胺和苯酚与衍生了二者的"母体"化合物烃苯之间的关系，此前重要的工序分离煤焦油的技术是他的学生发明的，并获得了专利。

19 世纪 50 年代，疟疾在欧洲仍然猖狂，当时的抗疟药奎宁是从南美洲金鸡纳树的树皮中提取出来的，生产和进口都很昂贵，霍夫曼认为煤焦油化合物或许能为奎宁的化学合成提供合适的前体，这将带来庞大的医疗价值和商业价值。

霍夫曼让他的年轻学生珀金着手合成奎宁。珀金制造合成奎宁用的原料是一种被称为烯丙基甲苯胺的化合物，衍生自煤焦油甲苯，他希望通过氧化这种化合物获得奎宁。然而当他用重铬酸钾氧化这种化合物时，得到的只不过是一种红色的污泥。其他化学家都明白，这仅仅意味着试剂结合产生了难以理解的一团糟，没有任何价值。但是年轻的珀金相信这团东西值得进一步研究。当时珀金只有 18 岁，他就这样以初生牛犊不怕虎的心态开启了他的化学工业的大门。

珀金把实验室建在家里，他开始用苯胺做起始原料来进行相同的处理，这一次氧化之后得到的产物上有一种黑色固体，珀金用甲基化酒精溶解这种固体，得到了紫色的溶液。他用得到的着色物质给丝绸染色，发现这种化合物能为丝绸染上明亮华丽的紫色，而且长久耐光，性质非常稳定。

其实珀金的发现并不算染料制造行业的重大突破，早就有化学家通过类似的实验从煤焦油化合物中发现了明亮的偏红色彩，只是没有进一步的投入应用。

因为将这一发现应用于商业领域面临着重重困难，在实验室从苯胺中制备染料可以很顺利成功，但是工业化大量制备就不现实了。苯胺在当时本来就是昂贵的原材料，制备过程繁复，要用到浓硝酸和苯作为原材料。浓硝酸不能用铁质容器盛放，使用玻璃器皿又有破裂和爆炸的风险；苯虽然可以从煤焦油蒸馏商那里买到，但是纯度不够，投入使用前必须重新蒸馏。如何扩大合成规模，同时又不至于耗资太多是一个无法回避的问题。

珀金曾把他的新染料送给一家染色公司试验，这家公司对结果大为赞赏，不过他们合作的前提是这种染料不会过于昂贵。珀金试图寻找适用于棉花的媒染剂，但棉布印花商对此无动于衷，他们声称紫色染料会被漂白剂去除，并且担心成本太高。珀金的紫色似乎注定是难以普及的产品，原料昂贵，且只适用于丝绸而不是羊毛或者棉花。

其实珀金可以选择把专利转手卖出，让其他染色公司为商业化费神，从中挣一笔钱，然后继续他的学术研究。大概是由于年轻气盛又缺乏经验，他没有被面前的困难吓倒，他说服父亲和兄弟创办一家企业，自己也从皇家化学学院辞职专心经营他们的工厂。1857年，珀金发现一种媒染程序对棉花有效，后来，通过使用与硫酸混合的较低浓度的硝酸，他的企业终于能用铁质容器代替玻璃器皿了。

在法国，法国紫的制造商基本上垄断了紫色染料，染色行业想要打破这种局面。1858年，珀金的苯胺紫被法国棉布印花商投入使用，英国的棉布印花商也在这种情况下改变态度，珀金的工厂订单总算有了增长，开始全面运转。

黄色染料苦味酸是用于从煤焦油中分离出的苯酚制备的，苯胺紫同样来自煤焦油的分离产物苯胺。依据经验，从煤焦油衍生物中大概也能获得其他拥有浓郁色彩的化合物，许多企业家开始用苯胺进行实验。其中有一个名叫弗朗索瓦·韦尔古的人，他曾在苦味酸工厂做过经理。韦尔古的探索似乎有点儿随意，他用在货架上可以找到的随便什么试剂来处理苯胺，就是用这种方式，韦古尔居然很走运地成功了。1858年年底，韦古尔把苯胺与氯化锡混合，得到一种深红色物质，他称之为复红。

　　韦古尔在 1859 年年初把他的发现卖给了另一个染料商，同年，两位英国科学家发现了合成复红的新方法，他们与伦敦的颜料制造商合作创办企业，开始生产精细化学制品。该公司以"品红"这一名称制造复红，不过后来这种颜色又有了更普遍的名称——"洋红"。

　　自古以来，化学技术人员对于为什么他们的试验带来了颜色的改变并不感兴趣，对染料和色料的成分也漠不关心，就像珀金和韦古尔那样，只注重时效，通过反复试验改进技术，却从来没有从根本上深入研究过其中的原理。

　　但是随着时代更迭，需求更加复杂化，如果还是只依靠经验主义和随机试验误打误撞地发现新色料，这样一定是行不通的。因此，染料的化学构成，及这种构成与其色彩的关联是一个实用且重要的研究方向。霍夫曼是一位目光长远而且认知清晰的化学家，他确信化学可以系统地教会我们制成着色分子，色调可以确定能预测，化学家可以基于对物理和化学原理的理解，按照需求设计出想要的色彩。终有一天，颜色的化学不再是试探性的东西，而是精确的科学。

　　19 世纪 60 年代后期，霍夫曼的理想开始得以实现，染料和颜色产业与科学的联系越来越紧密，越来越受到理论的指导，这一点可以归功于有机化学领域取得的巨大飞跃。

　　染料大多是有机的碳基化合物，早期的染料几乎都是生命有机体的提取物，之后的合成染料主要元素也同样是碳。尽管化学家们已经开始了对物质的组成和性质的研究，但是在 19 世纪，以当时的分析化学方法仅仅能确立化合物中含有的各种元素，以此定义分子式，但对于它们的结构和组成方式化学家们仍一无所知。当霍夫曼和珀金准备着手合成奎宁时，他们的全部依凭是苯的分子式还有奎宁的分子式，所知道的只有它们含有的元素及各元素的原子数。可想而知他们面临着多大的挑战。

没有什么可以表明原子在空间中是如何排列的，甚至都不存在关于"原子结构"的清晰概念，也很少有人谈论这些，因为没有什么是已知的。在有机化学中，即使元素的范围很小，分子式也很复杂。极为不同的化合物，分子式可以很相似，类似的化合物，分子式可能看起来很不同。而且元素的各种组合看起来简直无穷无尽，不断扩散而且规律难循。

因此 19 世纪初有机化学面临的根本挑战是分类。

茜草是茜草属植物，是绯红色染料的来源，可能首先是在印度种植的。在古代，茜草在亚洲和远东地区广泛生长，古典时期的希腊也有茜草存在的证据；十字军东征之后，染料在欧洲变得普遍，在中世纪的法国和意大利，茜草田欣欣向荣。

虽然不太能做到生产良好的茜草红色淀色料，但是茜草提取物作为染料还是备受重视的。一种使用金属基媒染剂的复杂操作可以染出强烈耐久的红色，即所谓的"土耳其红"。

1820 年，两位法国化学家从茜草根中分离出一种红色化合物，并且确定了这就是染料的主要成分，他们称为茜素。到了 1850 年，茜素有了自己的分子式，人们一直在寻找合成方法，想以低于栽培的成本生产这种具有重要商业价值的染料。

由于技术不成熟，而且要用到昂贵的溴，茜素的工业合成之路还很遥远。格雷贝和利伯曼把他们的研究成果出售给了巴斯夫染料公司。不久之后，更完美的工业合成体系就来了，可以使用硫酸代替溴来合成茜素。

大概是由于茜素拥有巨大的市场，关系着庞大的利益，居然有三个团体各自独立地发现了这种新的合成体系。珀金也是其中之一，他和巴斯夫提交专利的时间仅仅相隔一天，为了避免争议，他们同意划分市场——珀金只在英国合成和销售茜素，巴斯夫只在欧洲大陆销售。珀金的发现挽救了他那家身陷困境的公司。后来，由于普法战争造成的破坏，珀金一度几乎是世界上合成茜素的唯一生产者。他说："1870 年，我们生产了 40 吨，1871 年 220 吨，1872 年 300 吨。"

1873 年，日益激烈的竞争，再加上仍然存在的行业危险带来的艰难，让珀金认为茜素的繁华已经一去不复返了。在那一年，作为一位 35 岁的富翁，珀金出售了他的公司，转身去享受研究的纯粹乐趣。

这位传奇人物，17 岁在皇家化学学院师从奥古斯塔·威廉·霍夫曼，当时的伦敦皇家化学学院首任院长；18 岁发现了首个苯胺染料——"苯胺紫"；他的工厂拥有独家工业生产合成茜素的专利。年纪轻轻便成了富翁，之后出售工厂投身于纯粹研究依然成就颇多。

茜素作为合成染料无疑是非常成功的，它不仅更加明亮，而且很快就实现了大量生产，成为更廉价的天然茜素，替代品茜草栽培业黯然退场，十年内就濒于消亡。苯胺染料的时代已经过去了，茜素成为 19 世纪 70 年代的明星颜色。合成茜素的成功提供了一种暗示——如果想保持竞争力，染料公司应当对化学研究给予积极支持，新染料的开发应当是通晓理论又兼具实践经验的化学家的事，而不是依靠着色师偶然的试错进行勘察。

仍然是霍夫曼，他揭示了曙红（一种明亮的粉红色物质）的结构，是由煤焦油衍生物荧光素制成，巴斯夫染料公司于 1874 年开始合成并销售这种染料；1866 年，克库勒澄清了另一种极其重要的染料偶氮染料的分子结构。

化学与染料产业的联系越来越紧密，也越来越推动着染料行业的发展和革新。

1877 年，贝耶尔取得了合成靛蓝的成功，他使用甲苯做起始物料，但是这种化合物价格很贵，直到三年后，他才确定了更可行的方案。贝耶尔的新方案获得了专利，但仍然不适合商业化，归根结底是因为贝耶尔对靛蓝的分子结构缺乏了解，直到 1883 年，这个问题才得到解决。贝耶尔也因此获得了 1905 年的诺贝尔化学奖。

攻克大规模制造靛蓝这个难关的不是贝耶尔，是位于苏黎世的瑞士联邦理工学院的卡尔·厄曼。他发明了用两种相对廉价的碳氧化合物合成靛蓝的方法，这种合成方案的关键是使用硫酸汞做催化剂。

起初合成靛蓝的价格是略高于天然产品的，而且可能要七八年才能走向繁荣。大概是染料公司料到了合成的靛蓝最终一定会走向繁荣，他们在这种情况下依然坚持推广这种新染料，他们的选择没错，在未来的几年间，合成靛蓝的价格下降到一半以下。1900 年，德国在半年间就生产了 1000 吨人造靛蓝。靛蓝已经走向繁荣了。

当西方能够独立生产更多并且更廉价的靛蓝时，印度的靛蓝种植产业就要走向没落了。合成靛蓝确实是一项重大的技术突破，可是对于英国来说，印度的经济很大一部分建立在出口染料的业务上，靛蓝种植业在这种情况下几乎完全无利可图了。为了缓解这突如其来的危机，英国政府下令所有的军服染色一律使用天然靛蓝，不用德国的合成靛蓝。但是这种做法只是徒劳，天然靛蓝的市场很快就消失了，化学工业赢得了胜利。

一开始，欧洲是从印度工匠那里学到了先进的棉布印花技巧，靛蓝染料很大程度也是依赖于从印度进口，但是技术的革新改变了这种局面，随着更加优越的合成靛蓝占领市场，印度传统的靛蓝种植产业迅速没落，英国最终也开始了制造自己的靛蓝，只是不得已而为之。

世界上最伟大的爱情：
《霍乱时期的爱情》

　　《霍乱时期的爱情》主要讲述的是作者创造的"一种与这种乌托邦相反的现实"。如果说《百年孤独》描写了拉丁美洲最残酷的真实而显现了魔幻的、似真的特点，那么，这本描写爱情的奇书却因为描写一个存在于未来或幻想中的世界而显现了朴实的、绝对确实无疑的品质。少年时代朦胧的爱情幻影竟如此刻骨铭心，以至于半个多世纪之后，一对濒临死亡的老人重新寻找并发现了它全新的意义。

　　得知这本书被称为"世界上最伟大的爱情"的时候，我就忍不住好奇这本书有什么神奇的力量能够让这么多读者给予这么高的赞誉。《霍乱时期的爱情》是一个以阿里萨和费尔米纳为主线跨越半个世纪的爱情故事，也许是因为作者在书中描写了各式各样的爱情：幸福的爱情、贫穷的爱情、高尚的爱情、庸俗的爱情、粗暴的爱情、柏拉图式的爱情、悲惨的爱情、羞怯的爱情、放荡的爱情……所以，尽管这本书带着时代的烙印，但每个人却能在此找到共鸣。马尔克斯笔下的人物似乎都带有一种孤独感，所以在渴望被爱的前提下，他们找到了爱情这样一种方式来克服孤独感。年轻的阿里萨为洛伦索·达萨送电报时不经意间看见他的女儿费尔米娜，从此坠入爱河一发不可收拾，不停地写情书，每天坐在她上学路过的长椅上只为匆匆看她一眼，渐渐地让费尔米娜由最初的好奇心变成了爱情的萌芽。

《霍乱时期的爱情》中"他们如痴似狂地相爱了一年。他们天天都是白天思念，夜晚梦见，急切地等信和回信。除此之外他们什么都没有干。不管是那个神魂颠倒的春天，还是第二年，他们都没有见过面、说过话"，像所有的初尝恋爱的小情侣那样，心里扭捏害怕被发现，却又享受着对方为自己做的一切。费尔米娜给他寄去放在字典里的做成标本的叶子，蝴蝶的翅膀和珍禽的羽毛，阿里萨学会了小提琴，学会辨别风向，让风将他拉奏的小夜曲送到费尔米娜的窗边。但这场暗无天日秘密进行的热恋终究被发现，费尔米娜在课堂上装作记笔记，实则是在写情书的举止被老师发现，并被开除学籍。她的父亲给予女儿厚重的期望，希望她能够成为一名高贵的夫人。他嫌弃阿里萨这般的穷小子，担心女儿会陷入这段像海市蜃楼般的爱情。于是带着女儿旅游，实际上是想让女儿忘却这段感情。可尽管如此，费尔米娜仍然用尽一切方式与阿里萨发电报互通消息，他们把对方当作自己生命里存活下去的最后希望。

　　"今天，我看了您，我如梦初醒，我们之间的事，无非是幻想而已。"这是费尔米娜给阿里萨最后的一封信，阿里萨陷入失恋，也让这段感情终止了。

《丧钟为谁而鸣》——感受爱与正义

人们的命运息息相关，因为每个人都与人类难解难分。

海明威的《丧钟为谁而鸣》，讲述的是美国青年罗伯特·乔丹在大学教授西班牙语，他对西班牙有深切感情，所以志愿参加了西班牙政府军，在敌后搞爆破行动。而在动荡的行动中，他和女孩玛利亚坠入爱河，他的温柔抹平了玛利亚的内心创伤。这三天中，罗伯特经历了爱情与职责的冲突和生死考验，人性不断升华，但是在一次任务中受伤被杀，最终为西班牙人献出了年轻的生命！

在读海明威的《丧钟为谁而鸣》的过程中，常会想起"最后一颗子弹留给我"这句话。美国青年乔丹用行动诠释生与死、爱情与职责、个人幸福与人类命运的问题，高度的人格精神魅力让他时时刻刻都能做出出人意料却又在情理之中的选择。三天时间，不长，仅仅是 72 个小时，三天时间，却又很长，长到海明威用几十万的文字来书写乔丹的人生选择。

第一章描述了乔丹随队执行任务的过程中，在一步步地接近胜利，却又有很多的挫折，内心没有停止过思考，没有停止过斗争，但就是这样，依旧能够用行动来表明自己的立场。内心那一点点正义越发明亮，足够让他在夜里前行。当你在难题面前困惑不解、难以抉择的时候，不妨停下来，试着看看其他的风景，调整好状态，重新披甲！

《解忧杂货店》回答你的困惑

　　《解忧杂货店》之《回答在牛奶箱里》。因为偷盗，三个孩子来到了一个神奇杂货店，它的神奇之处在于能冻结时间，与过去的世界连接。一切故事都由一封来自过去的信开始。起初他们想视而不见，但由于好奇，拆开信封，发现了来自过去人的烦恼，这下他们再也坐不住了，开始用写信的方式交流。信中包含了孩子们的热心，对事件的意见及他们所觉得的那种正义感，虽然以他们不成熟的人生观对过去的人提出了意见（太直），但最终故事还是以好的结尾结束，过去的人找到了自己的答案，并戏剧性地曲解了信封的意思，而孩子们也就接受了这个结果，大概也就是这本书能够吸引人的地方吧。

　　《解忧杂货店》之《深夜的口琴声》。由逐梦人松冈克朗在孤儿院演出点明了开头。在圣诞节当天，依然如旧，演唱了孩子们都喜爱的歌曲，但却有一个小女孩对他爱理不睬，没有丝毫在意，显得格外突出。当克朗演唱完歌曲时，小女孩对他的歌做出了反应，这本该不属于小女孩年纪的歌，却让她极为感兴趣，并主动去与克朗沟通。在与小女孩的沟通中，克朗看到小女孩的处境，他想起了以前坚持音乐道路上的事，曾经为了音乐梦想而毅然决然地放弃了自己的学业，然而努力地追逐梦想，却始终没有成效。父亲身体不好，奶奶又过世，鱼店需要人来继承，但自己又不想放弃梦想，在理想与现实之间无法选择，这让他极为苦恼。偶然间，注意到小时候经常寄烦恼信件的一家杂货店，就是解忧杂货店，向他来咨询自己的烦恼。最后，克朗因救小女孩的弟弟而死亡，始终没有完成自己的梦想，无疑是一场败仗，但在多年后，天才女歌手站在华丽的舞台上演唱他的那首歌，那是属于他的光芒。

《解忧杂货店》之《听着披头士默祷》。读完本篇章后，我抑制不住自己的冲动，想看这部电影，串联一下我脑海中的星星浮云，但还是抑制住了。虽然整本书是一个篇章，一个故事题材，但隐隐约约能感到他们好像是同一个人，在生活中他们之间好像有某种联系，是因为作者刻意让他们相遇吗？不是，他们正是同一类人，在现实生活中遭遇困苦却无助的人，他们渴望找到依靠以及办法，所以当解忧杂货店在的时候，它就像那一层精神支柱，支撑着我们对生活的那些希望，那些不灭圣火。作者巧妙构思，埋下了很多伏笔，在下一章，或者更后，你才会感觉到作者的文笔，情节环环相扣，让人觉得好像进入迷宫之后，又回到了终点，给人们在生活中引以明路，不忘初心。

我们总是在选择，也总是在犹豫。是追逐奥运梦还是照顾病榻上的爱人；是坚持音乐理想还是接手父亲的鱼铺；是相信人与人之间的羁绊还是放手一搏追求自由；是安心现在的工作还是追逐看不见的未来……或者我们心里已经有了一个答案，只差反复地确认，只要冲着自己的选择努力。

人做一些事情总是要追问为什么，浪矢爷爷为什么要这样做，也许是陪孩子玩闹的阴差阳错，也许是慢慢在帮助别人解决问题过程中也解决了自己孤单的烦恼和看清了纷乱人世中到底什么才是真正重要的东西。

其实，这本书正像它的作者所说，给予那些游荡的灵魂得以栖身的住所，让这颗处于社会浮躁的心找到自身的宁静。

第七篇

青春文学与散文

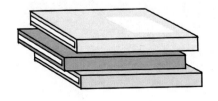

《我想要两颗西柚》
——将细腻情感具象化

拖了好久，断断续续，总算把这本书读完了。我想要两颗西柚——I want to see you，隐晦又浅显的情话，第一次听到时，觉得真的很巧妙，一下戳中了我的内心。这本书里有很多情绪，悲欢喜乐。每个小故事不会太长，消遣时间正好。语言风格很小清新，把思念、依恋等内心的情绪用很常见的现象不着痕迹地展现在纸面上。

这些十分抽象的感情，却能在作者的笔下具象化，她为我们描绘出的画面，真实得能在脑海里想象出来，实打实地能在心底里感受得到，让我不由得惊叹于作者的奇思妙想。书里对于情感的解读，也是让我耳目一新，我们从来都会心疼爱而不得的一方，但作者从另一方面考虑，她告诉我们，那些被爱的人过得也没有那么好，因为他们永远也不知道，爱他们的人会停在哪里。爱与被爱，都不容易。

作者把我们关注的角色突然转换，也让我打开了思维，脑子好像活络了许多，我想，今后看待事情会从更多角度思考，对于事情的判断会更立体吧。最后，用书里的一句话做结语吧，也是除书名外我最喜欢的句子：

I'm waiting.

爱慕未停。

《我的世界很小，但刚刚好》
——有了你们我才有了最美的时光

每个人都有属于自己的小圈子，几个人，最起码有着相同的志趣，彼此信任到了一个地步，可以交换烦恼和快乐以及秘密。

我觉得你要是认识一个人，和他打好交道并不是一件特别困难的事情，但是你要融入他的圈子，那是十分困难的，很多东西，并不是表面上的那么简单，你没有和他一起经历过荣辱，患难与共，你就不会懂得那种亲切感和属于他圈子里的归属感。这种感觉不是在一起喝过几顿酒、吃过几次饭就能够形成的。所以说那些一起经历过大起大落，一起经历过生与死的人才是你一辈子最亲的人。

我的世界很小，但是很庆幸总有那么几个人值得我去在乎，值得我去付出，有了你们我才有了最美好的时光。

怎样抵达成功的彼岸？
《请别在该奋斗的年纪选择安逸》

截至 2016 年 2 月 19 日晚 8 点，由周星驰导演的《美人鱼》累计票房已突破 24.4 亿元，超越《捉妖记》成为内地电影史上票房纪录最高的电影。

从咸鱼翻身到美人鱼，草根出身的周星驰最有自己的体会。

熬过黎明前的黑暗，坚持不放弃，这几乎是成功者的共同前提。天将降大任于斯人也，当然要从各方面考核你的才华和综合能力，第一个关口就是你能否坚持下去。周星驰曾经沦为陪考，然后又多次出演了不少跑龙套的角色，后来当了主持人又转型回来当了演员。在默默无闻的日子里，他从来没有放弃过自己的梦想，总是想方设法在各大表演中寻找出演的机会，后来他又当了导演。在他导演的《美人鱼》中，他不计报酬地当上"台上导演"，不但情节台词、灯光美术，连后期的配音、剪辑都要管，他总是这样要求自己"凡是都要做好一点点"，精益求精。

这个世界上没有无缘无故的爱，也没有无缘无故的恨，更没有无缘无故的成功。阻力这么多，坎坷这么多，怎样才能抵达成功的彼岸，周星驰就是我们要的答案。

作者表舅进城卖柿子，却被路政收取了各种摊位费，辛苦一天除去油费和返款等折算下来只挣下 50 元钱，结果还在吃饭时被小偷偷了去。表舅想到自己从小到大的各种倒霉事，和作者一一倾诉，作者打算和表舅一起去请教高人师兄。

这位师兄精通玄学。研习多年，知易经，懂八卦，深谙梅花易教。师兄并非江湖术士，而是对一个人的命运有很深的见解。根据师兄的心得，人的命和运其实是分开的，转换成我们的语言表达方式，命就是先天拥有的资源，运就是抛开了先天资源后，我们利用后天资源和各种机遇，通过自己的努力去实现人生理想和目标。这番话使表舅和我醍醐灌顶，原来好运气都是自己挣来的。出身不由自己，所幸的是英雄从来不问出处。

安于已注定的"命"，通过自己的努力改变运势，我们才有了成就任何可能的力量。

《开到茶靡花事了》
——他与她的怯懦与勇敢

作者介绍了很多描写茶靡的诗，我是曾看过《开到茶靡》，被标题吸引了。茶靡属于蔷薇科，是春季开花最晚的植物白色小朵花瓣。

我根据描写，自己想象了茶靡的样子，我想象中的茶靡是花瓣很细小的，白得让人感到悲伤的、凄冷的。读完了关于茶靡的诗句分析，我的想象已形成了。不仅想象了花的外貌，还想了它的花语。我觉得应该是代表着孤独和清高。

后来上网查看了信息，发现和我想象中的有点儿不一样，茶靡并没有我想象中的小巧清新，它是偏大而清冷的，花蕊为淡黄色。它代表着末路之美。这就与《开到茶靡》中女主人公的故事相契合了。

通过网上查找与阅读书籍了解茶靡给我带来的感受，让我记起了杨浩曾说，网上只有信息，没有知识。通过阅读，可以发现我们了解的是很系统、很全面、有思考的知识。网上查找到的则是分散的信息。

看这本书的一个重要原因是因为它是蔡澜书中推荐的快餐小说。

《开到茶靡》的确为我开辟了新世界，韵娜的坚强，左文思的痴情，警醒了我不要为任何人改变。韵娜被仇恨迷失了快乐的自己，左文思为爱情失去了自我。他们都变得不开心了。为何他们会被人威胁？因为他们都有软肋，而人是有感情的，恰巧他们的软肋就是这个。

我觉得很多事情并不可怕，可怕的是我们害怕了。其实韵娜和左文思早就应该勇敢了，既然到最后都是要鼓起勇气反抗的，勇敢的早一点就解脱的快一点。"有德必有勇，正直的人不会胆怯"，希望我们都可以有勇气去追求自我。

愿你幸福，
《愿你走出半生，归来仍是少年》

道阻且长

男主人公俗称"大哥"，女主人公俗称"三姐"，他们青梅竹马，男主人公的真名叫作徐逸成，女主人公的真名叫作楚逸雅，不知道是作者有意安排还是真的巧合，逸雅还有一个小名叫作丫丫，只有她的父母才敢这样叫她，别人这样叫她的话可能会引来晴天霹雳，而逸成刚好犯了这个错误，直接被逸雅在他们村的大槐树下狠狠地揍了一顿，然而逸雅却自己哭了起来，逸成只好背着逸雅回家，逸成差点儿被逸雅的父亲给揍了，不过逸雅还是敢作敢当的，直接说她没事。

上小学的时候，他们的班主任是一个女老师，姓蔡，处于热恋中。每次都会拿他们开玩笑说，逸成你以后会不会娶逸雅之类的话。蔡老师能说这样的话，完全是由于他们平时特别爱在一起打闹，"大哥"总是被"三姐"揪着耳朵，当然是在"大哥"说了什么惹"三姐"生气的话之后。

随着他们逐渐长大，大家都考上了高中，逸雅也到了情窦初开的年龄。逸雅喜欢上了一个叫作钟山郎的人，逸成则喜欢叫他"中山狼"，叫这个是作者刻意安排的，因为"中山狼"后来背叛了逸雅，逸成为护着逸雅跟"中山狼"打了架，这一切恰好被逸雅看到，认识到了"中山狼"的伪善面貌，也认识到对自己最好的人是谁。但是"中山狼"为什么会吸引逸雅，最主要的原因就是"中山狼"成绩一直排在年级前面，而逸成是那种做事意志力超强的人，暑假时直接自学完了所有的课程。

非常欣赏逸成说的"一个人唯有站的足够高才能看清整个世界，学习上唯有学的足够深，才能举重若轻"。我们也是，不要忘记了自己的初心，去努力奋斗，直到离自己的梦想越来越近，这样人生的道路才会越走越顺。

行走在城市中的手艺人

今天的故事是在改革开放的深圳，在这里我们看到每一个人好像为了生活不停地奔波，没办法，这就是大都市应该有的节奏，就像她的发展速度一样，没有停歇。

故事的主人公叫刘红，她来自山西的某个城市，家中有一对儿女，女儿大概 11 岁。在家乡，她最擅长的就是给别人理发，来了深圳，她仿佛变了一种身份，她变得什么都不会了，要知道她在家乡可是有着十年的理发经验的，深圳这边的人们喜欢各种头型，比如鸡冠头、子弹头，这些她以前听都没听过，更别谈会不会了。她的老公在深圳因为经营不善变得负债累累，家里还有小孩需要读书，她只好强迫着自己去住所附近，大约一公里处叫卖着理发。开始她觉得很尴尬，正如我们自己开始去做某件事的时候，不是别人尴尬，往往最尴尬的就是你自己。她觉得如果她现在还不出去努力的话，可能就要回到山西老家，这是她不想看到的，来到深圳最初的想法就是让自己的女儿有更好的教育，所以她不能回头。

没想到理发的第一天，就有 20 位顾客，她每位收 5 元，一天赚了 100 元，开心得像个孩子。她每天都会到那里上班，有时候也会遭到城管的驱赶，但是她觉得这样奋斗生活很有意义。隔了一年她从 5 元涨到 10 元，很多人抱怨她涨价比涨工资还快，但是理发的人数并没有减少，因为她每次做事的时候，特别专注，她觉得理发就是在做一件艺术品，她每次都用心雕琢，追求完美，虽然自己在理发的过程中不能保证每一剪刀都那么完美，但她敬业的态度赢得了多数人的赞赏。

生活的苦难对每个人来说应该在她的承受范围之内，我们秉承的态度是专注一个目标，恪守的心态是心无杂念，不断挣扎却又充满希望。

记忆中的地方

小说的作者是一个95后，作者的年龄并不是太大，讲述的是她小时候的一些事情，令作者印象最深的就是她们家特别爱搬家，每次搬家前她都兴奋得睡不着觉。

作者的妈妈跟她的奶奶关系一直不好，主要是妈妈每次跟爸爸吵架大部分都是因为奶奶。你即使再不好，但是当那个人喜欢你的时候，他都觉得你很好，但是，当他不喜欢你的时候，即使你再好他都会觉得你不好，这就是最简单的人性吧。

在文中作者讲述了另外一件事情，也是关于搬家的事情。她记得大概三岁，搬来一个特别窄的房间，住在二楼。

她爸爸的同事住在一楼，作者认识了很多跟她年龄相仿的小朋友，作者分别叫他们小胖、小豆、竹竿，叫这三个名字每个都有寓意，小胖自然很胖，竹竿则是很瘦，小豆主要是因为太矮了。在作者住的二楼一个地方有一个小洞，每次作者都想去看看，但都被妈妈揪着耳朵带回了家。作者约了小豆、小胖想去看看，但因为小豆很害怕，一直都没去成。

从这里我们可以看到作者小时候充满了好奇心，有了好奇心才会去探索未知，这样有利于培养自己求知的心态。

黑猫啊黑猫

作者对黑猫满是讨厌与自责，并且心里充满了内疚，因为她再也见不到像黑猫这样的好猫了。作者在文章中并没有提到这只猫叫什么名字，我觉得就像童年经历的许多事情一样，无法用一个专属的标签来概括整个童年经历的事情。

故事发生在作者七八岁的时候，有一天作者的妈妈从外面捡来一只特别脏的黑猫，作者一开始，见到它时是很讨厌它的，觉得它长得并不好看，妈妈给它洗过之后，全身黑，但作者还是没有什么好感，直到有一次邻居借黑猫去逮老鼠，改变了她对黑猫的看法。

黑猫那时候还很小，作者有些担心黑猫是否能够逮到老鼠，但是结果是黑猫圆满地完成了这次对于它来说特别艰难的任务，从此她觉得黑猫还是挺厉害的。黑猫和作者的关系逐渐近了之后，作者每天晚上睡觉之前都会喝牛奶，第一次喂黑猫的时候，黑猫并不懂得，作者按着它的头让它喝之后，它才逐渐爱喝了起来。从此作者每天都这样，并且逐渐开始训练起黑猫。黑猫已经能够运用后脚站立了，这个使作者颇为开心，也算作者的一次成功吧！随着时间的推移，黑猫逐渐长大，它觉得自己并不属于他们，于是有了黑猫的第一次离家出走。但是过了七八天，它又回来了，原因是老鼠粘板黏住了尾巴。作者哭笑不得，帮它剪掉了那个毛，把粘板弄了下来，作者和它的关系又回到了以前。黑猫的第二次离家出走是爸爸因为它偷吃鱼的事情，暴打了它一顿，但是黑猫在走之前，还是用它每天习惯和作者生活的方式道了别。

第二天清晨，黑猫便不在了。从此以后，黑猫再也没有回来。第二年，作者又养了一只小黄猫，但是作者觉得它比不上黑猫，而且不久又被车撞死了。第三年作者养了一条小黑狗，但是因为喝牛奶，泄死了。到了第四年，作者便决定不再养什么宠物。

迄今为止已经八年了，作者感受到了物是人非，从前的光景已经不在，内心充满了想念。

一人食

看到这个题目真的是感觉有点儿诧异，因为我们总是对陌生的事情感到好奇，这个也算激起了我的阅读兴趣吧！

作者在这篇文章采用的是倒叙的开头，从我们最熟悉的夏天开始讲起，通过那猛烈的阳光透过屋前缕缕匆匆的绿叶，再到聒噪的蝉鸣激起了作者对童年时光的怀念。童年对每个人来说都是美好的，作者忘不了她童年跟着一帮小伙伴捉蝌蚪，光着膀子，毫无顾忌。由于作者是一个女孩子，对蝌蚪还是有一些害怕的，但是为了证明自己是人中龙凤，很勇敢的"申公豹"（申公豹是村里给作者起的诨号，因为她小时候非常调皮，又被电视的一些人物形象所吸引，整天喊着申公豹、姜子牙等）。很多人说回忆过去有一种情况，那就是现在过得不好，对过去的追忆是向往美好的时光，但是作者却不这样认为，对她来说，不论是过去还是现在她都觉得过得很快乐，不知道是作者乐于知足，还是别的什么。文中提供的信息并不多，只是简单的一个描述，一笔带过。

作者提到了她的小学时光。她小学的时候，语文老师姓严，正如她的姓氏一样，作者称她为"严肃的老太太"，这个称呼貌似看起来不是很好，但是那时候的作者就觉得挺好的。不过作者也在文中提到，那个语文老师在前几年去世了，作者还是挺想念她的，因为这个语文老师，作者得到过妈妈的表扬。语文老师教他们星座的知识，大熊星座、小熊星座等，然后在那个夏天的午后，作者指着天上的星星，跟妈妈说了好多好多，具体说的什么作者也记不清楚了，给作者留下的感觉就是那个下午很快乐，作者感觉到很温馨。

我爸

作者讲述了一个关于他们家早晨起来的简单的生活情况。一天早上起来，因为家里有四口人，除了爸爸妈妈，还有一个哥哥，每次起床之后，她就光着膀子，把西瓜乱啃一通。那时候作者小，问爸爸自己可不可以这样，爸爸说，你在幼儿园之前可以这样，幼儿园以后就不行了，因为你是女孩子。

幼儿园之后，作者再也没有光过膀子，就像逝去的夏天一样，随着蝉鸣渐渐结束。

盛夏转至初秋，万物总是有始有终，有轮回，逝去的时光再也回不去了，就像我们逝去的青春，你抓不住它，但是时光却给我们留下了太多的痕迹。

小的时候，我相信很多人都会问这样一个问题，那就是自己从哪里来的。我相信很多大人告诉我们是捡来的，不管你们是不是这样，反正小的时候，我妈妈是这样告诉我的，这篇文章跟这个也有点儿类似。

文中作者小时候被告诉是被亲爸爸遗弃了，然后自己被自己老爸的好朋友捡回来，那是在夏天，西安的南门是非常热的，作者很难想象自己是怎样度过那样一个难熬的夜晚的，因为在大夏天很容易受到蚊虫的叮咬，肯定还是很饿的，反正这个是作者自己的描述。爸爸的好朋友把自己捡回来的时候，听他的好朋友说爸爸并没有感到悔恨，一切的根源就是自己出生的时候，因为嗓门太大了，大到在医院门口的一楼出口都能听到，然后医生就说这个孩子可能有点儿问题。爸爸是一个特别轻易相信别人的人，所以才有了后面爸爸"遗弃"作者的这一出。那么作者又是怎么知道这个情况的呢？是因为爸爸的好朋友一次喝醉酒，说漏了嘴，作者就知道了。那时候作者5岁，从那之后就从内心有点儿"恨"老爸了，这个恨一直持续了大概十年之久。从她知道爸爸遗弃她并没有悔恨，她觉得爸爸好"冷血"，然后作者已经很少跟别人提起五岁之前，爸爸是如何对她好的，整天用摩托车载着她去玩，那段时光对她来说真的是好开心。

　　过了五岁之后，她发现自己是一个懂事很早的孩子，每次周末，她都会去学习，别的孩子只会去玩，从小时候，每个周末都没有歇下来。然后爸爸觉得她是很努力的孩子，然而事实是她内心许下了一个心愿那就是一定要比爸爸强，因为她爸爸是一个很强的人。爸爸在读书的时候，是一个学霸，身高 1.82 米，而且非常帅，每次去打篮球，篮球场旁边肯定会有很多女生。爸爸受女生欢迎并不是因为爸爸会打篮球长得帅，而且爸爸是一个样样都很行的人，爸爸会唱歌、跳舞、画画等，学习还好，真的是有点儿逆天了的那种。遭受了很多人的嫉妒，她觉得一定要超过爸爸，所以每次周末都努力着，终于在 14 岁的时候，上台表演了，而且还组织起了自己的乐队，毕竟爸爸是在 20 岁的时候，才组织起来的，那一次她自己觉得赢了爸爸一次。

　　我们可以从作者字里行间感受到她有一股倔劲，支撑者她走下去。一天下午，爸爸说心里感觉很闷，她知道后竟然头也不回地走了。下午妈妈打电话说爸爸得了心梗，她去医院看的时候，医生在给爸爸做手术，她突然觉得爸爸好小，一米八的大个子，竟然看起来那么的柔弱。

　　在爸爸醒来后告诉了她这样一件事，那就是从来没有舍得丢下过她，她也曾经试着回想这样的事情，她曾经在内心里告诉自己不哭，真的那一刻她忍住了泪水。其实从这里完全可以看出，作者当时内心的那种复杂的心情，难以用语言来描述，这样的真情流露，其实也是非常好的。

　　从医院回来之后，爸爸一直说要一起去西藏，她不敢跟爸爸说嫌他身体不好，一直推诿说自己没时间，她一直在内心怪爸爸，为什么他曾经要丢下她，为什么叔叔说的一句话自己就信了那么多年，其实她跟爸爸一样也是一个容易轻信别人的人。

西红柿·鸡蛋·面

听这名字感觉就给人一种新奇的感觉，这个不是我们日常生活中所吃的一道菜，而是我们所向往的一种美好的爱情。

这个作者用了新奇的比喻把女主人公比作西红柿，而男主人公就是鸡蛋面条就是他们的儿子。作者如果不把这个主人公以新奇的比喻来写，就本篇文章来说，她所记叙的事情是非常平淡的。正是因为有了这种比喻的添加，无形之中增加了很多趣味，增强了读者阅读下去的兴趣。故事的开始要从老婆西红柿怀疑老公鸡蛋出轨讲起，老婆西红柿发现老公鸡蛋出轨了有以下几个原因：

一是老公每次周末有空了总是会陪着自己和儿子面条去看电影，但是最近一段时间每次老公鸡蛋一回来，就说自己很忙很累想睡觉，所以他们之间的交流也渐渐少了许多。

二是老公鸡蛋以前跟自己吵架的时候，自己总是很厉害的那种，现在老公鸡蛋居然敢和她顶嘴了，真是把她气得不行。

三是以前老公回家总是抽空和儿子面条一起嗨、玩游戏，现在他很少和儿子交流，儿子也变得异常的暴躁了，动不动就跟别人打架，真是让自己操碎了心。

不过西红柿自己回头想想她和鸡蛋也算老夫老妻，发生这样的事情她自己也想不通。于是她想改变这种局面。有一天老公鸡蛋上完班回家，她对老公说，我买了三张票，我们明天和儿子面条一起去看电影吧。作者的安排确实很巧妙，在这里老公鸡蛋的回答是因为明天公司要加班，自己就去不了了。作者用了细节描写，他写到，老公鸡蛋摆出一脸疲惫的表情，自己走路的时候摇摇晃晃，跟一个拐杖似的拐来拐去，佝偻着腰完全看不出来他有任何兴趣去看这场电影。

那么接下来呢？老婆西红柿又说道，明天是他们的结婚纪念日，一年只有一次，跟过生日一样挺珍贵的，但是老公鸡蛋死活都说自己太忙去不了。没办法，西红柿流出了红红的汁液，因为她曾经跟儿子面条说过要去看电影的，儿子面条也说自己不想去，现在自己成了孤家寡人。关键时候还得找闺蜜芹菜帮忙，于是她约了芹菜一起出去看电影，有时候事情真的就是那么巧合，恰恰自己陪闺密看电影的时候，刚好看到自己的老公鸡蛋的背影，她很确定那就是鸡蛋，在鸡蛋的旁边有一个火腿女孩，她看着火腿跟鸡蛋那么亲热的样子，气就不打一处来，她准备上去打，但是芹菜拦下了她。她不明白为什么，其实在这个地方作者的每一次描写都是为了后面故事的发展。

芹菜是局外人，所以她看得很清楚，西红柿却是局中人，自然是当局者迷，西红柿气得跑出了电影院。芹菜对西红柿说，你没看到那个女的一直往鸡蛋身上靠吗？但是似乎鸡蛋一直留着一个位置。"你是说那个位置是留给我的？"西红柿不信。回到家里，西红柿终于忍不住发火了，她说今天晚上，我当了忍者神龟，而你们却那么开心，鸡蛋也说了，他自己受够了，每次鸡蛋总是被打得稀碎，说着自己走出了家门。

这个地方作者很自然地写到外面下起了大雨，然后鸡蛋也没带雨伞就出去了，有点电视化的情节。鸡蛋的心里难受极了，他不明白为什么西红柿的脾气会越来越暴躁，动不动就发火。西红柿也想了很多，她突然响起了闺密的话和老公鸡蛋临走时说的话，难道真的是自己错了？

作者在这里又插入了面条因为跟同学打架受伤住院的事情，面条的班主任空心菜，看到西红柿和鸡蛋赶来成了落汤鸡，觉得他们做父母挺关心他的，然后空心菜就让西红柿和鸡蛋出去换一下衣服。面条醒了，没有看见他的父母，他就知道他们不会来，然后又说起了打架的事情。空心菜问他原来一直很优秀的，为什么会堕落呢？

他说主要是爸爸妈妈要离婚，在外面的鸡蛋西红柿也流下了羞愧的泪，当然最终有一个好的结局。在这个真实的世界里，爱情是风花雪月，婚姻是油盐酱醋，爱情需要激情，婚姻却需要包容，希望天下的人都幸福。

《雅舍小品》——珍惜时间

时间就是生命，这是我们从小就明白的道理。梁先生人到暮年仍如此感慨。他也感慨自己在年轻时浪费了许多时间，感慨自己翻译《莎士比亚》花费的三十年时间太长了，感慨自己要读的书太多而时间又太少。珍惜时间是一个我们异常熟悉的道理，真正做到却又很难。

是我看到梁先生发出感慨时的怜惜，也是我看到小时候看到的张学友现在已经有褶子的脸时的震撼，让我感到时间的飞逝是十分快的。做到珍惜时间，最重要的是健康的身体和坚定的毅力。这样，我们才可以在想要偷懒的时候逼自己勤奋。大道理说来容易，做起来难。

划破《皮囊》，做自己

　　人生来就在一具皮囊下，你觉得自己是什么样子？每天都戴着面具去面对不同的人，又或是每天一张脸以不变应万变。作者笔下的人都生动形象，在那副皮囊下活着，有的被身体驱使，有的任凭喜好活着，过着他们自己的生活，而我反问，自己呢？每天强迫自己必须带着笑脸的面具？其实不然，真实地活着很痛苦也很快乐，不要在乎世俗的看法（当然啦，很难做到），按你内心的想法创造自己的生活节奏和规律，在自己的世界肆意妄为地活着，那是真正的酷，做一个酷自己吧！

　　有的时候真的觉得人很奇怪，为什么会为了点点小事而战战兢兢呢？为什么有些人拿着一点点小事小题大做呢？为什么有些人就是非要抓住你不放？有的人就带着这样的一副皮囊和没有实际的精神内核，行走在人世间，我觉得这样子很可怕。作者说他非常讨厌官场上的那些世俗，也讨厌学校里学生的明争暗斗和黑暗的事情。同样我也不喜欢。每个人都向往光明，即使你深陷泥泞，也要抬头仰望星空，直视光明。所以要一直抬头往前看，生活值得你走下去。

　　我的好友厚朴介绍自己的时候说，我叫厚朴，因为 hope。他爸爸是个中学英语老师，他觉得爸爸是个了不起的人，虽然只有小学毕业，但是他不仅通读历史，还关注国际形势，他觉得父亲是村里唯一一个有世界观的人。厚朴想要活得自由，但我总觉得他是在为了一个幻想燃烧自己的生命。如果这个幻想破灭，他的内心又会发生什么呢？后来我和厚朴过上了两种不同的生活，他在学校因为某些事成了大名人，谈了很多恋爱，越来越多的人到访他的宿舍，说些什么疯狂地受他鼓舞的"青春只有一次，要好好过"的念头……而我早就规划好，大二开始在报社实习，我攒够了钱，因为报社越来越多的工作。在大二期末的时候我搬离了宿舍。我和厚朴走的路就越来越不一样了。曾经的我也羡慕过厚朴，也曾认真地想过：自己是否也可以活得肆无忌惮、畅快淋漓？我也渴望无忧无虑的生活，我也想要实现自己不敢与他人言说的梦想。看完这一篇，很有感触，最离奇的理想所需的建筑材料就是一个个庸常而枯燥的努力，它是你一步步坚实的脚步。为了梦想加油呀！

《世上千寒，心中永暖》，温暖发声

《世上千寒，心中永暖》之《拒绝分裂》。这里讲的分裂，我理解的是人格上的分裂，这样的分裂太可怕了。性格的分裂真的很可怕，可以比喻成那种心里一边是正义，一边却是极端。表面豁达而内心悲苦，表面乐观而内心悲观。书中说的这种分裂的解决方法是真诚面对自己的内心，当你不喜欢别人这样对你时，不要一味忍受，而是去表达你的观点，人家听了也会适当去理解你，而不是让整个事情积累到一定程度从而向不好的方向发展。我们常常压抑自己的真实感受，以为它是不正当、不光彩的，我们用一种外在的标准修正自己的心境和行为。这其实是自我欺骗，委屈了自己不能坦然对人。尊重生活本来面目，接受一个完整统一的真实世界吧。

《世上千寒，心中永暖》之《拍卖你的生涯》。第一次听说讲座还能这么有趣。作者描述的讲座是一个老师假设每个人手上有1000块钱，然后拍卖她手上的东西，这些东西叫作生涯，就是人生的追求和事业的发展，它可以掌握在你的手中。比如，豪宅、巨富、一张用之不竭的信用卡、一门精湛的技艺等。其实人生的重大决定是由心规划的，像一个预先计算好的框架等着你的星座运行。毕淑敏说，如果想改变自己的命运，请首先改变心的轨迹。还有一个也很有趣啊，九芒星的钥匙，这是通往快乐和力量的钥匙。

　　《世上千寒，心中永暖》之《所有的动力都来自内心的沸腾》。毕淑敏说，有些人把梦想变成现实，有些人把现实变成了梦想。关键是你的梦想是什么，你为你的梦想做了什么。机遇在不知不觉中降临。对你难以上青天的事情，对另外一些人不过是小菜一碟。所以，我们可以先锤炼我们的人格和目标，当它们光彩照人的时候，机遇就在不知不觉中降临。

　　《世上千寒，心中永暖》之《等待你的第二颗糖》。他们做了一个实验，这个实验中很多小孩在等待的过程中因不能坚持而放弃了。也许我们都不能等到第二颗糖，但等待依然是有意义的。

　　《世上千寒，心中永暖》之《人最珍惜的，是他在孤独时得到的支持》。作者对自己的先生做了一个测试，请写下"我的支持系统"还有"与我的关系"。我觉得每个人都有一个支持系统，比如你的母亲、你的朋友。一个人独立存在社会上是很难生存下去的，所以多建立一些坚硬的系统吧。

　　《世上千寒，心中永暖》之《此心安处是吾家》。每个人对家的定义不同，作者列举了很多人对家的定义。我比较认同作者说法，家是磨合、欣赏、忠诚、沟通，是理解、奉献、思念、呵护。

　　《世上千寒，心中永暖》之《世界上最安全的事情就是真实》。我觉得没必要取悦他人，如果有，那就是伪装了自己去取悦他人并委屈了自己。我希望能够活出一个真实的自己，开心就笑，悲伤就哭。这个在世界上真的很难做到。当你觉得自己真实的自我不够完善，最好的方法就是让自己完善起来，而不是遮盖、逃避。喜欢开头的文章题目——不怕，你是自己的安全感。

　　《世上千寒，心中永暖》之《幸福需要恰到好处》。有时候期望越大失望越大。人就应该有一种合理的期望吧。书中说合理的期望是一种在期望高低中最佳的平衡点。"不同的玫瑰花盛开在不同的字典里"，起初看这句话，不懂其中含义，读了文章便了然了。故事的男主人认为玫瑰只是一朵花而已，这是务实人的看法；女主人认为玫瑰是代表爱情的信物，她把自己的理想和价值都寄托在里面了，后来作者帮他解了围。每个人都有每个人的价值观，当你的另一半价值观不同时，应该学会去尊重。

《万般滋味都是生活》，感悟生活

　　这本书收录了 40 篇丰子恺的经典散文作品，还有 40 余幅全彩漫画。看了前三篇，第一篇《白鹅》讲的是作者曾经养过的一只白鹅，讲了白鹅的神态，用拟人化的手法，写得生动形象。而作者对白鹅的喜欢不是鹅蛋，而是白鹅的精神贡献。作者以白鹅慰以寂寥，或许人生，很多人是都需要一些人或物去回味反思自己，增加思念慰以寂寥的。第二篇也是描写动物的，是一只名为"阿咪"的猫。与上篇类似，这两篇给我的感觉就像是动物与作者的生活都是美好的，它们变枯燥为生趣，助人亲善，教人团结，同时于作者而言同儿女一般。第三篇为《儿女》，我看到了作者对童真的一种向往，但是也在想，如若丰老在世，是否会感叹我们现在的青年人都是病态者了，而我们自己却习以为常，我们的病可不是一时两日，而是许久且不知何时结束。

　　今天又看了三篇。第一篇为《我的母亲》，让我感觉到丰老先生的母亲一定是内心坚毅且大气慈爱的女性。严肃的眼神，慈爱的笑容已经深入作者的心里。而文中引用的陶渊明的"昔闻长者言，掩耳每不喜"，让我感觉到平时的我们大多数人都是如此，当孩子时最不喜父母的唠叨，但是当我们懂事的时候，他们却老了，有时甚至听他们唠叨的机会都没了。第二篇为《回忆李叔同先生》，李叔同先生是作者的老师，通过作者的描述我看到了一个严谨认真的老师，一个远望让人肃然，近触却又给人平易之感的人。而李先生对于做事情"不做则已，要做就非做得彻底不可"的态度也让我心生敬佩。第三篇为《访梅兰芳》，梅兰芳先生在抗战期间，蓄须罢演，长达八年，抗战后又重返舞台（56岁），这对一个艺术家来说无疑是沉痛打击，而复唱后身体也不能支撑他唱个几年，可"梅派"底蕴却永久传承了下去。人生在世不过须臾几十年，多少能为后世留点东西也是好的。

看了《从孩子得到的启示》《给我的孩子们》《送阿宝出黄金时代》。从前两篇的文章里我看到了孩子们的童真，全家人惊慌逃难之际，他却将"逃难"当成了一次游览，虽不知"逃难"之意，但却喜欢上了"逃难"的过程。作者羡慕小孩子的这种童真，而有时我们在面对事情的时候，跟"逃难"又何其相似，中间过程崎岖，但是终会到达目的地，这样的旅程反而成了今后的笑谈，更容易被记住。所以有时在面对困难时，我都会把心态放平和一点，既然是必经过程，又为何不好好地等待这一切事情过去呢？作者对于孩子童真的向往也使我深受感触，孩子们纯真的心灵，爱就爱得稀里哗啦，事无大小，拼尽全力去对付。这是他们特有的心理，而我却懂了。真希望我不懂。

第一部分说的是作者对童年的向往及对童真的向往。这一部分主要是对时间的描述。对于丰子恺先生的印象一直认为他是漫画家，而最近却喜欢上了他的文章，因为感觉字里行间充满了烟火气息，也正如《渐》这篇文章。文中说"渐"是造物主骗人的诡计，因为其用每步相差极微极缓的方法来隐蔽时间的过去与事物的变迁痕迹。但是有时我却喜欢这种"渐"的感觉，特别是看书时，虽然被造物主骗，但有一股很大的充实感，而平时打游戏或者发愣时，没有这种感觉，并不开心呀！第二篇为《春》。作者说春的代表是草，我非常认同，因为我最喜欢看嫩青的草破土而出时的景象——生机勃勃，似乎人都清爽了许多；细雨虽多，但更增添一份美感。有春就有秋了，自古逢秋悲寂寒，在古人眼里，似乎秋就是悲的代表。而在《秋》中，秋天似乎成了作者内心的调和剂，使心情变得平和，作者将这一切感受归咎于对"死"

的体感。文中说："况且天地万物，没有一件逃得出荣枯、盛衰、生灭、有无之理。"而我感觉这有无之间的可能性，引得许多人毕生寻求。

《清晨》讲的是丰老先生吃完早饭在清晨安心地看蚂蚁工作，它们扛着一块馒焦（由三四粒饭合成）回家。但路途遥远，作者将它们爬山（竹竿）过桥时的动作描写得很细致生动，看着蚂蚁的取食回家过程，作者感慨于它们生活的不易，相比于人类，它们更加的艰难，因此催生了作者的同情心。而我因为年代的不同，看到的更多的是一种分工合作、团结的力量。下一篇《生机》写的是一盆水仙花，经历了多次死亡危机，但是依然在危机过后开花，哪怕只有一线生机，正如丰老所说："人间的事，只要生机不灭，即使重遭天灾人祸，暂被阻抑，终有抬头的日子。个人的事如此，家庭的事如此，国家、民族的事如此。"这对于大部分的青年人，也包括我，真是至理名言。无论遇到什么困难，只要有信念且执着，终有成功之日。当然，成功并非所有人认为的标配，自己觉得成功就好。第三篇为《晨梦》，由作者早晨晓得自己做梦，却又将醒未醒的时候，引出了"人生如梦"的道理，并指出不要沉于虚幻的梦中，而应寻找真我的所在。也确是如此。人如果老是沉醉在自己的乌托邦里面，不去勇敢的面对现实，只会越来越消沉，失去对现实生活的勇气！

今天看的《山中避雨》是丰子恺先生同两女孩去西湖游玩，天忽降大雨，他们于茶店中避雨、阴雨天气，女孩子感觉到苦闷，而作者因为这寂寥深沉感觉到趣味良多，我不知道作者在想什么，但是我能理解这种感受，因为我也喜欢雨天，有时也喜欢淋雨（当然只是小雨），这种感觉使人心里很安静，没有任何烦恼。而作者与小女孩相比，我觉得心态真的重要，乐观豁达、观察敏锐、善于体悟的人总能从生活中，从当下的境遇里寻找到趣致，无论晴空万里还是突然暴风雨。第二篇《湖畔夜饮》，四位来西湖游春的朋友，在作者的湖畔小屋里饮酒，酒后作者独自一人散步于湖畔，并且感慨于月色的美好。看着作者的生活，很羡慕那种心境。阅读本篇，忽想到古时有人相聚，美酒正酣之时，诗词宣唱，好不畅快。交友当交志同道合者，当下自不必效仿古人，但也是谈谈各自的思想和感悟，不学时下的物质世俗。

《初冬浴日漫感》中"前日之所恶变成了今日之所欢；前日之所弃变成了今日之所求；前日仇变成今日之恩"，使我感觉到很多事和真的感受是有区别的，我们也绝对不能相信自己想当然的事，而是认识自然，认识自己。第二篇《随感十则》一共写了作者随记的十三件事，感受到了文章的烟火气味。每则故事并不长，不会感到无聊，从中感受到了作者对生活的热爱，挺羡慕作者这种心情以及仪式感的生活。而从《家》中描写了一种普遍的思乡念家之情，作者说的"趣味，在我是生活上一种重要的养料，其重要几近于面包"。读书就我而言便是趣，但很多人的趣味都不同，无论如何它都可以让本来平凡或者枯燥的生活多一份趣味。

《绘画之用》讲了绘画的用处，但其中"无用便是大用"给我的领悟是生活也要做一些无用之事。就好似大学的我们要以学习为重，但也要做一些学习之外的无用之事来丰富我们，锻炼我们，才不至于让大学生活变得毫无趣味。回顾童年，我们也做了很多无用之事，但正是它们安放了我们的心灵，使我们成年之后不至于成为无趣乏味之人。而另外一篇《学会艺术的生活》中说的"我们虽然由儿童变成大人，然而我们这心灵是始终一贯的心灵，即依然是儿时的心灵，只不过经过许久的压抑，所有的怒放的、炽热的感情的萌芽，屡被磨折，不敢再发生罢了。这种感情的根，依旧深深地伏在做大人后的我们的心灵中。这就是'人生的苦闷'根源"。我感觉生活中的很多人都因为挫败过，失落过，所以不敢去想，不敢去爱，不敢去闯了。其实从某种角度来讲，长大是可悲的，所以有时羡慕、向往孩子的童真，但是当你向往的时候就已经长大了。

所谓父母一场，
不过在《目送》中渐行渐远

"才子当然心里冰雪般的透彻：有些事，只能一个人做。有些关，只能一个人过。有些路啊，只能一个人走。"

每一代人都有他们不同的思想，我们这一代人的思想与父母那一代人的思想有差别是正常的，不要紧，我们也大可不必完全消除这种差别，有差别不见得不是好事，我们所需要做的，仅仅是在适当场合用适当的方式来表达我们的思想，与父母沟通，交换内心的想法，去寻求共性。

我们在渴求施展个性时，也不能忘了与这个世界寻求共性，无论是对至亲、对朋友、对陌生人，每个人都有自己的路要走。我们就像是从一条宽阔的大路上走进林荫小道。在大路上，父母与我们相濡以沫，互相扶持，共同走到了分岔口。一旦来到岔口，我们与父母不得不选择适合彼此的那条道路。父母站在分岔口，看着我们逐渐消失在小路转弯的那一端。

我们可以选择用背影默默地告诉他们：不必追。我们也许可以回头看看他们，做最后的道别。不管如何抉择，我们都需要独自在那条小路上一直走下去。那么，在那个时刻到来之前，我们所能做的，就是在有限的时间里多陪陪他们，让他们放心。跟他说我害怕，他紧紧把我抱在怀里，对我说："不要怕，爸爸在呢。"还记得，也是在那一年夏天的一个晚上，院子里飞来了几只萤火虫，父亲连忙去捉了两只，装在烟盒外包装的透明袋子里递给我，我很开心，看着会发亮的它们傻傻地笑着。

如今他已年过半百，半年前看到他的精神面貌已不如从前，瘦了许多，头发白了，脸上也有深深的皱纹。

你想要进入他那波涛汹涌的世界，却总有一道坚硬的门挡着，这扇门可以让很多人进，却唯独你进不去。这是你心中的一个痛，一个作为母亲的无奈。爱的人，在渐渐变老，你想要抓住她的音容，挽住她的笑貌是不可能的，就像一个底部有孔的水杯，水一直滴一直滴，总有一天会流尽。记忆会慢慢地褪色，逐渐化为一张白纸。你看着母亲一步步走入老朽，总体上你是平静安然的，因为你明白，这是生命，这是法则，也是你终将要走的路。最打动我的地方是有些人的孝，当父母老了，他们会一遍遍地重复同样的问题，可能日复一日地问，问到你烦躁不已，到那时会有几个人能够耐心地一遍又一遍地回答他们的问题，日复一日地陪他们重复同样的话？有几个人能在别人对你愤怒的时候，不被激起怒火？有几个人能在别人恶语相向的时候始终保持平静的口吻？

有几个人能在别人失控崩溃的时候理解他的痛苦绝望，而不是想着反驳争吵证明这不关我的事？

有年轻的心才能书写这样的文字，却也只有经历时间才能修炼获得如此年轻的心。这颗心正如她描绘的那个器物那般，是朴拙可爱的。

我一直相信，世上仍然有太多的可爱的姑娘，也只是相信，可今天才算是见识。"应怜屐齿映苍苔"似乎印证了一些什么，是对生命的担待与不忍吧。从家庭三代的关系之间反思社会、历史、政治、文化……无所不包，整个就是我们经历的生活。读者经常抚然，有一些经历，一些时刻是何其的相似，同时也参照自己的影子，终于明白，人生的修行才刚刚开始。

幸福就是生活中不必时时恐惧。难道不是至理名言吗？反观自己，随着成长，我们逐渐摆脱了对自然的恐惧，却加入了对社会的恐惧。的确没有哪一门课教授我们克服这种情感，所以人生处处是修行。认清生活的真相，依然热爱生活。

应该是这样的，不卑不亢，从容面对生命进程中的种种，能够感同身受，也能够换位思考。能够看得全面，所以能够做到中庸。我们一生都在寻找生命的意义，中途的困难是不言而喻的，可是把生命装点得这样美丽，意趣盎然，得花费多少心思啊！可是谁又说不值得呢？

一起回味《我与橘皮的往事》

《我与橘皮的往事》中的《我的父母》《我的小学》《我的中学》。这本书是作者以第一人称的口吻讲述了自己的成长经历。新学期到了，我感到自己有些浮躁，读读散文类的书籍是个不错的选择。现在谈谈我今天读的内容吧。作者的父母乃至祖上数代均为穷苦农民，他是第一个走上文学道路的，这与他人生的两位导师有着密切的联系。一位是慈祥的、尊重知识的母亲，另一位是热爱教育饱含善心的语文老师。她们不仅为作者带来了光明，还为我们这些为作者的贫苦生活感到心疼的读者带来了温暖。不得不说好的环境对人有着巨大的影响，作者生活在一个穷苦的家庭，但是妈妈对于知识的尊敬，对于传统文学的热爱与哥哥对书籍的热爱，深深地影响了作者。

而作者对于读书的热爱也让我更加热爱读书。今天读的是梁晓声的《我》，记得有位文人曾说："要把读书当作一种习惯，像每天都要吃饭喝水那样的需要读书。"我们读书不是为了获取什么知识，我们只是热爱读书，把之当作一种习惯，把之当作一种娱乐的方式。在作者看来通往文学目标的道路是艰辛而又寂寞的。

"缺少耐力，缺少信心，缺少不断进取精神的人，缺少在某一时期内自甘寂寞的勇气的人，即使一举成名，也可能是昙花一现。始终'竞走'在文学道路上的大抵都是些'苦行僧'。"这是今天我看到的印象深刻的一段话，我们学生又何尝不是如此呢，甚至每个成功的人都应该如此。记得我们班主任在高三的时候就告诉我们要耐得住寂寞，守得住孤独，成功的道路道阻且长，唯有坚持住，守住自己的初心，才能实现自己的目标。

这次继续读《我与橘皮的往事》。读这本书第二天了，关于作者，我只是听说过名字而已，但是我并不想去百度他的信息，这本书是他的自传，所以，我想通过这本书去了解他，我觉得这是一个很有趣的过程。因为我从不曾了解他，相当于通过一本书去了解一个陌生人，这个实在新奇。今天读了《我与唐诗宋词》《我与橘皮的往事》《读的烙印》《我与复旦》四章。作者对于书的热爱依然未减半分，在他下乡的时候，从一个女孩的手里把一本《唐诗三百首》"救"了下来，小女孩的淳朴也让作者铭记于心。至此，作者的床头始终有唐诗宋词陪伴。我以为你读过的书与你走过的路和遇到的人都会在你的不经意间表露出来。

有诗意的作者是因为有着对诗词的热爱；坚持文学道路的作者是因为走过艰辛贫困的路，以至于认清自己的梦想；有怀旧情结的作者是因为遇到过那些淳朴善良的人让他铭记。作者的小学有校办工厂，专门收集橘皮。作者听说橘皮可以治疗母亲的支气管炎就每次偷拿几片。由于一名同学的告发，作者成了大家眼里的小偷。而曾经对作者十分严厉的班主任却为他撒了善意的谎言，拯救了一个孩子的命运。

我相信，每个人都有善良的一面。其实我觉得说一个人改变了别人的命运看似合理，却也不过是在他人生路上推了一把罢了。因为属于你的就是你的，人生有很多选择，并不会因为谁的帮助而随随便便的改变，最重要的是当事人的努力。作者还回忆了年轻时读过的小说。

年轻时以为自己也会像主人公那样去做，然而现在步入中年，这些故事的可操纵性却很低了。这不能说是对与错，只是我们都成长了，思维方式也变了。在作者去复旦前得益于复旦的一位老师，作者一路上遇到的良师可真不少。

我也对复旦的老师感到敬佩，他们绝不会轻易放弃一位人才。但是回想起来，那个年代又太残忍了，寻找人才难道不是教师应该做的吗？为何一起同去的教师只有一人坚持了？所以我们应该感谢我们的时代。

　　这几天读了《那年的北影制片厂》《小街啊小街》《紧绷的小街》《窗的话语》四篇。作者的这部自传是以时间为线索展开的，读到这里，作者已是中年了，字里行间满满的都是怀念。怀念住过的老房子，怀念生活过的街道，怀念曾经的窗户。作者奋斗了大半辈子终于有了一套好房子，而父亲却因为癌症只享受了 50 多天的福。其实我觉得好的生活环境固然重要，但是有一个好的心情更重要。不管现在是否还需奋斗才能过上更好的生活，但我们的每一天都要尽力不要让自己留遗憾。

　　20 世纪 60 年代的街道，人们的生活气息很浓，不像现在冷冰冰的高楼大厦。可是熬到了现在，街道变得让作者无法接受的拥挤、邋遢。可是作者又发现这些小摊贩被生活所逼，被现实所捆绑。在大家的体谅下，小街又恢复了和平。让作者挂念的还有屋里的窗户，曾经作者以看窗户看人，谁家的窗户干净明亮，那主人一定生活乐观积极。作者的减压方式就是擦窗户，看着窗户成为最明亮的一扇。作者把窗户比作心灵之窗，你看到的即是心中所想。

　　我又感觉作者在书中提及自己的名字过多了，说明他足够自信，也深切地明白自己就是自己，不是别人眼中的大作家。梁晓声就是梁晓声，也是千千万万个普通人中的一个。

　　不要以为名人就与我们不同，他们也不过是在经历了像我们一样的挫折再成长罢了。从名人的经历里，让我明白原来我们都一样。做自己就是最好的，关键是怎么做更好的自己。

后 记

　　机电力源悦读俱乐部成立于 2017 年 5 月 14 日。现俱乐部有指导教师 1 名，工作人员 28 名，会员 500 余名。俱乐部由桂林电子科技大学机电工程学院和桂林力源集团共同指导，学生自我管理。宗旨是：读书三年，学富五车。俱乐部致力于吸引喜爱阅读、互助分享、共同成长的一群人。通过阅读，与书籍交心，与小伙伴分享，希望我们都能成为"平凡却不平庸的人"。

　　力源悦读俱乐部从成立至今举办的活动有读书沙龙、诗词大赛、力源暑期社会实践和日常打卡等十多项特色日常活动。"沐浴书香，浸润心灵"让自由的思想和独立的灵魂相遇，享受精神的洗礼，领略阅读的快乐。愿每位读者遇见自己，知己相伴，洗涤心灵。俱乐部主要通过 QQ 交流群、QQ 公众号、易班平台和微信公众号等新媒体平台进行交流互动。目前，交流群人数达 600人，日常参与打卡的学生人数达 300 人，涉及本科生和研究生不同层次。

　　高尔基说过："书籍是人类进步的阶梯。"书是获取知识的渠道，提高人文素养的有效途径。俱乐部鼓励学生多读书，增加一点书卷气，保持心静如水、人淡如菊的心境。本书内容选自力源悦读俱乐部日常打卡学生的部分优秀心得，以结集出版的形式，把学生所阅读的书籍内容主旨以及自身的主张见解与大家共同分享，为广大学生提供更好的读书建议，调动学生的读书热情，同时鼓励和吸引更多的学生加入力源悦读俱乐部，不断分享更多的读书故事。

本书按照阅读书籍的类型分为七篇，分别是"经典诗集""历史故事""杂记""哲理读物""精品读物""外国文学""青春文学与散文"。该书由唐立国担任主编，马云天、梁紫君担任副主编。参与本书编写的主要成员如下：吕品、潘静茹、刘付烜、王晓彤、王健凤、罗爱征、梁江俊、张擘、梁仕猛、方德冰、刘宇鑫、马福林、吴蔚富、陈晓梦、农林舒真、陈秋宇、陈锋、甘海铭、朱慧、刘世松、张延儒、张炳涛、潘振国、计浏骅、刘宇鑫、黄彦槟、潘仙悟、邹颖杰、王雪莹、胡鸿铭、廖远执、刘波、叶正青、李新、李景东、吴仁兴、谢瑞军、黄钧钰、陈广泽、罗柳莹、蒙思静、孟城功、新坤、唐屹、曹璇。全书由唐立国、马云天和梁紫君负责统稿和审稿，最后由唐立国统修订稿。本书在编写过程中，机电工程学院党委、行政领导给予了大力支持和指导，力源悦读俱乐部为本书编写提供了良好的收集平台。本书编写组衷心感谢读书随笔的每位作者，正是他们的信任和支持，才使这本书得以顺利出版。

由于时间仓促和水平有限，书中难免有疏漏之处，我们真诚地期待阅读本书的读者给我们提出宝贵的意见和建议，以便今后进一步完善。

编　者

2020 年 7 月